应知应会 课外系列丛书

YINGZHI YINGHUI
KEWAI XILIE CONGSHU

预习与复习的技巧

廖胜根◎编

方向。
自身着眼，开创成功指明了
的条件，为青少年朋友们从
讲所需要的最基础、最必要
年朋友在成长道路上顺利前
必要的合作素质等，是青少
的习惯，深厚的文化底蕴及
质，过硬的特殊技能良好
较强的实践能力，优良的品
健康的身心，丰富的情感

成都地图出版社
CHENGDU CARTOGRAPHIC PUBLISHING HOUSE

图书在版编目（CIP）数据

预习与复习的技巧 / 廖胜根编 . —成都：成都地图出版社，2013.5（2021.4重印）
（应知应会）
ISBN 978 - 7 - 80704 - 723 - 0

Ⅰ.①预… Ⅱ.①廖… Ⅲ.①学习方法 – 青年读物②学习方法 – 少年读物 Ⅳ.①G791 – 49

中国版本图书馆 CIP 数据核字（2013）第 076172 号

应知应会——预习与复习的技巧
YINGZHI YINGHUI——YUXI YU FUXI DE JIQIAO

廖胜根　编

责任编辑：游世龙
封面设计：童婴文化

出版发行：成都地图出版社
地　　址：成都市龙泉驿区建设路 2 号
邮政编码：610100
印　　刷：三河市人民印务有限公司
（如发现印装质量问题，影响阅读，请与印刷厂商联系调换）

开　　本：710mm×1000mm　1/16
印　　张：13　　　　　　　　**字　　数：**200 千字
版　　次：2013 年 5 月第 1 版　　**印　　次：**2021 年 4 月第 8 次印刷
书　　号：ISBN 978 - 7 - 80704 - 723 - 0
定　　价：38.80 元

前　言

说到课前预习，有的同学不甚重视——老师上课时会讲，看了也白看，还浪费时间，这样的观点是极其错误的。产生这种错误观点的根本的原因是这些同学没有明确的学习目标和学习计划。

在学习的整个过程中，课前预习和课后复习的作用不可忽视。

"磨刀不误砍柴工。"不管做什么事情，都要事先做充分的准备。在学习中，这种准备就是"课前预习"。课前预习是一种按照学习计划预先学习上课内容的学习活动，它是培养自主学习能力的一个重要途径。

预习的目的不是提前学会了知识上课就不用听，而是预先知道上课要学习什么内容，使听课更有针对性，从而提高学习效率。学生通过预习已有所悟、有所知、有所得，上课时他们便会用自己的理解与老师所"讲"的相印证，这会使学生加深对学习内容的理解，有效地提高学习成绩。

科学研究证明，学生对一个事物的注意力持续时间只有 40 分钟左右。因为其他事情的影响，大部分学生会在课堂上或多或少地走神，影响课堂听讲的质量，进而影响学习成绩。但如果学生预习过了就不容易出现这种问题。因为预习可让学生知道本课的重点和难点在哪里，学生上课时遇到这些环节就会加倍关注，不会错过关键的内容。

如果学生能事先有所预习，那么学习效率就会大大提高。此外，预习还可以培养学生的自学能力。预习时需要独立阅读、独立思考，靠自己的能力去发现问题和解决问题，从而获得新知识。

不过，做好课前预习还不够，还要做好课后复习。

预习与复习的技巧

课后复习是学习中的重要环节，也是巩固知识的重要手段。就学习过程而言，复习是非常必要的。首先，我们所学的知识是间接的书本知识，不是自己实践得来的，往往印象不够深刻。加之我们每天学的知识很多，也不容易记住。如果课后不及时进行复习，所学的知识很容易就会忘掉，这就达不到掌握知识的目的。为此，必须通过复习来巩固已经学过的知识。其次，复习有助于加深理解。一般来说，课堂上时间紧、进度快，每个人的理解能力不一样，因此对知识的掌握也会有差别。课后复习能让学生针对自己的问题多思考，发现在上课时没有听懂的问题，达到掌握知识的目的。

课后复习是对已学知识进行再加工，是对学习内容进行回忆和熟记，概括出学科知识的本质，理清认识的思路，总结出学习的规律、技巧和方法，从而使新旧知识重组，形成有序的认知结构的过程。及时而经常地回忆、复习，能够有效地将知识牢固地保存在记忆中。课后复习既可以巩固、加强记忆，还可以在思索和理解中得到新的认知。

不少学生总是抱怨自己记忆力不好，学过的知识到了该用的时候怎么也记不起来，以至于丧失了学习的信心，甚至对自己的学习能力都产生了怀疑。有的同学认为，学过的知识反正是要忘记的，早记早忘不如临考前去突击记忆。可是到了临考前，由于要记的内容太多，记笔记时手忙脚乱，抓住了这里又丢掉了那里，记住了语文又忘掉了英语，使自己十分苦恼。

其实，这些都是由于在平时的学习中忽略了课后复习的缘故。新课学习以后，要及时进行课后复习，对新课知识进行牢固掌握，否则，许多已学知识，即使曾经理解或应用过，也可能会遗忘。

做好课前预习和课后复习，是取得优异成绩的关键。我们应坚持良好的学习习惯，努力奋斗，使学习更上一层楼，从而跻身优等生的行列。

目　录

上　篇　课前预习

第一章　主动预习，为上课做好准备 ………………………… 3

第一节　抓好预习这一环节 …………………………………… 3

第二节　预习"五步走" ……………………………………… 8

第三节　预习的技巧 ……………………………………… 13

第四节　预习不等于自学 ……………………………………… 16

第五节　课前预习是良性循环的基础 ………………………… 19

第二章　选择适合自己的课前预习方法 ………………… 22

第一节　提纲预习法 ………………………………………… 22

第二节　符号圈点预习法 ……………………………………… 25

第三节　快速阅读预习法 ……………………………………… 28

第四节　"温故知新"预习法 ………………………………… 30

第五节　扫除障碍预习法 ……………………………………… 32

第六节　循序渐进预习法 ……………………………………… 35

第七节　表格预习法 ………………………………………… 37

预习与复习的技巧

第八节 质疑预习法 ……………………………………… 39

第九节 习题试解预习法 ………………………………… 42

第三章 根据学科的特点，有针对性地预习 ……… 45

第一节 语文预习"七步曲" …………………………… 45

第二节 数学预习"三步走" …………………………… 51

第三节 英语预习"五注意" …………………………… 53

第四节 物理预习重推敲 ………………………………… 57

第五节 化学预习应多钻研 ……………………………… 60

第六节 生物预习应多联系实际 ………………………… 62

第七节 历史预习"四要点" …………………………… 64

第八节 地理预习应做到图文结合 ……………………… 66

第九节 政治预习注重理解 ……………………………… 69

第四章 最大限度地提升预习效果 ………………… 72

第一节 根据"学情"，选择重点预习科目 ………… 72

第二节 合理安排预习时间 ……………………………… 74

第三节 参考书应合理运用 ……………………………… 77

第四节 切忌无目的地预习 ……………………………… 80

第五节 预习应持之以恒 ………………………………… 83

第六节 摒弃形式主义的预习 …………………………… 86

第七节 预习避免走极端 ………………………………… 88

第八节 根据老师的讲课特点进行预习 ………………… 90

下　篇　课后复习

第五章　巩固知识，加深理解 ……………………………… 95

第一节　课后复习不可忽视 ……………………………… 95

第二节　复习应遵循的原则 ……………………………… 99

第三节　复习计划的合理制订 …………………………… 102

第四节　课堂笔记的整理 ………………………………… 104

第五节　正视作业的价值 ………………………………… 108

第六节　要养成每天背诵的习惯 ………………………… 110

第七节　用复述强化你的知识 …………………………… 113

第八节　同步练习和综合练习 …………………………… 116

第九节　编录错题集 ……………………………………… 118

第十节　勤于回顾，善于总结 …………………………… 121

第六章　领会多样的课后复习方法 ………………………… 124

第一节　提纲复习法 ……………………………………… 124

第二节　口诀复习法 ……………………………………… 126

第三节　读背结合复习法 ………………………………… 128

第四节　"三看二做一录入"复习法 …………………… 131

第五节　列表复习法 ……………………………………… 133

第六节　厚薄读书复习法 ………………………………… 135

第七节　试卷复习法 ……………………………………… 137

第八节　专题复习法 ……………………………………… 139

第九节　顺读逆思复习法 ………………………………… 140

预习与复习的技巧

第十节　音乐复习法 ··· 142

第七章　根据学科的特点进行复习 ······················· 145

第一节　读—画—写—练—想，面面俱到的语文复习 ······ 145

第二节　着眼于四个方面的数学复习 ················· 148

第三节　听、说、练都抓的英语复习 ················· 150

第四节　注重理解的物理复习 ························· 153

第五节　既动脑又动手的化学复习 ··················· 157

第六节　"四忌"的生物复习 ························· 159

第七节　"巧记忆"的历史复习 ······················· 162

第八节　"纵向递进、横向拓展"的地理复习 ··········· 167

第九节　"五要"的政治复习 ························· 170

第八章　及时改正课后复习的偏颇 ······················· 174

第一节　复习应及时 ····································· 174

第二节　复习不可忽略基本内容 ······················· 177

第三节　避免疲劳过度的复习 ························· 180

第四节　复习应有目的性、针对性 ··················· 183

第五节　复习方式应多样化 ························· 186

第六节　纠正错误要及时 ··························· 188

第七节　培养良好的解题习惯 ······················· 191

第八节　分析"错误"，深化理解 ··················· 193

第九节　提高复习效率巧注意 ······················· 195

上篇 课前预习

　　俗话说："良好的开端是成功的一半。"课前预习是学生整个学习过程的第一环节。第一环节不做或是草草了事都会对之后的学习造成一定的障碍。

　　课前预习，是整个学习过程中一个非常重要的阶段，这个阶段对于即将学习的新知识和已有的旧知识之间具有承上启下的作用，对提高学生的学习成绩具有十分重要的意义。除重视课前预习外，我们还应掌握多样预习方法，以及各个科目最优化的预习途径，只有这样，才能达到事半功倍的效果，取得优异的成绩。

第一章 主动预习，为上课做好准备

无论做什么事情，事先都应该有所准备，因为"有备"才能"无患"。当然，学习也不例外。要使学习有效率，达到一定的学习目的，就应做好课前准备。在这里，最重要的就是知识的准备——课前预习。

预习是指在老师讲授知识之前，学生独立阅读新知识，初步了解、掌握新知识，为全面掌握新知识做好准备的学习过程。预习是学习过程中的首要环节。通过预习，我们会对即将开始讲述的科目有一个清晰的思路。总而言之，课前预习对培养学生高效学习具有特殊意义和不可忽视的作用。

第一节 抓好预习这一环节

篮球比赛之前，整个篮球队往往会事先对比赛的战术、对方技术特点等进行详尽地分析，这就是事先的准备。一个球队比赛的输赢，事先的准备是非常重要的。学习和篮球比赛预定一样，要达到预定的学习目的，就要做好各种课前准备。这些准备包括心理准备、身体准备和知识准备。这里，最重要的是知识准备，即课前预习。

课前预习是学生学习的基本环节之一，它在学生的学习过程中起着至关重要的作用。学生的学习过程是主动探究的过程，是不断克服困难、由未知到已知、由知之甚少到不断深入了解事物的过程。通过课前预习，学生就会对学习内容有初步的了解，知道哪些内容自己已经明白，哪些内容自己还不懂，听课时，便可集中精力去听那些自己尚不明白的部分，这就有了针对性，能做到有的放矢。

然而，许多学生没有充分认识预习的重要性，常常忽视课前预习这一环节。有的同学认为，老师明天上课会讲这些内容，又何必浪费时间呢？有的同学认为，按时完成作业就行了，预习是多此一举；还有的同学认为，老师讲的内容我都听不懂，自己预习就更加看不懂了。

经有关专家研究发现，学习成绩比较优秀的学生，绝大多数人都有课前预习的习惯，而学习成绩较差的学生则往往忽视了这一环节。

事实上，课前预习在新旧知识的衔接中起着承上启下的作用。通过课前预习，我们不仅能了解到将要学习的新内容，为学习新知识做好准备，还可以回顾已经学过的与新内容相关的知识。概括而言，课前预习有以下几个方面的好处：

一、预习可以提高听讲效率

通过课前预习，学生事先已经了解了老师会讲述的内容。这样，他们在上课时就可以顺着老师的思路去听课。试想，如果一个学生事先不预习，直到上课时才匆匆打开课本，那么听课时就自然会处于盲目的状态，甚至不知道老师讲的重点是什么。一节课下来，有些可能听懂了，有些只是似懂非懂，因此听课就不可能达到预期的效果。

而课前预习过的学生在预习时必然会对难点做出记号，带着疑问听课，将注意力集中到重点和难点上，这样，疑问就较容易在课堂上解决。

　　课前预习可以提高课堂听课的接受能力，节省大量时间。经过预习之后再去听讲，上课时的积极性和目的性往往比没有预习就听课要强。

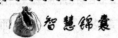

　　预习不代表你切实掌握了知识，但是它可以帮你看到事情的全局。

——佚名

二、预习可以提升笔记水平

　　如果课前不预习，上课时，就会出现老师讲什么就记什么，慌乱地记笔记而顾不上听课的局面。由于只顾抄笔记，对于老师所讲的内容只是听到而已，大部分都没有进行思考，更不要谈理解了。

　　但是经过课前预习，记笔记时就有了针对性，我们可以明确老师上课所讲的内容和板书所写的内容，认清哪些是课本上有的，我们就可以选择那些书本上没有的，老师额外补充的内容以及自己预习时没有完全理解的部分内容去记，这样可以节省大量的时间，这些时间可用于听课时思考问题。另外，如果长时间高度集中注意力，大脑会感到疲劳，从而影响听课的效果。

　　其实，老师板书的内容，许多都是课本上的叙述的再现，我们在课本上画出来、标出来就行，特别是一些重要的定理和概念，板书上的文字可能和书上的一字不差。这些内容自己课前预习的时候理解了就行了，完全没有必要浪费时间再抄一遍。

　　湖北省的一位高考状元就课前预习的重要性进行过这样的讲述："以前，我没有预习的习惯，老师强调记笔记，也不知道该记哪些东

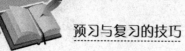

西，总想把老师的板书一字不落地记下来。结果，经常是我还没有记完，老师就又讲新的内容了。刚要听，老师又去写新的板书了。这样，既不能记好板书，也没听好老师所讲的内容。手忙脚乱地听课效果就可想而知了。后来上课之前，我开始注重课前预习，情况就不同了。现在，我也记一些笔记，不过记得简单多了。我把老师提到的重点记下来，而其他次要的、书上有的，我认为听听或者画在书上就可以了。这样记笔记，既抓住了重点，又赢得了听课的时间。"可以说，进行课前预习是从上课盲目记笔记的状态中解放出来的好方法。

三、预习可以提高自学能力

从提高学生自学能力的角度讲，课前预习是培养和提高学生自学能力的一条重要途径。预习是自己独立地接触新知识，是自己摸索、自己动脑、自己理解的自学过程。许多同学初次预习都觉得新课特别难理解，常常不得要领，不明其意。但是只要坚持下去，慢慢地你就会觉得有些门道了，对新课内容的理解会越来越多，越来

越深入。

预习时，需要学生独立阅读、独立思考，用自己的方式去发现问题、解决问题，从而独立地接受新知识。在这个过程中，学生的自学能力会逐步地提高。

掌握了预习方法的学生，他们的阅读速度较快，思维较敏捷，并且善于运用分析综合、归纳演绎、抽象概括以及比较的方法。因此，他们能较快地发现问题，抓住问题的本质。这种独立地获取知识的自学能力一旦形成，不仅可以促进中学阶段学习质量的提高，还可以满足将来上大学或工作中学习的需要，受益终生。

四、预习可以改变被动的学习局面

实践证明，学习上的差距，往往是由自学能力的差距造成的。由于预习可以扫除学习新知识的障碍、提高听讲效率、提升笔记水平、提高自学能力，会使学习的状况发生改变。从学习的效果来看，预习改变了被动上课、被动记笔记的局面，减少了因听不懂而浪费的课堂时间。课上的内容听懂了，做作业的时间和课后的复习时间就会减少，使得学习变得轻松、高效。

课前预习除了提高听讲效率、提升笔记水平、提高自学能力、改变被动的学习局面外，还能够复习、巩固已学的知识，在旧知识的承载上更加顺利地进行新知识的学习。

我们在听课时经常会遇到这种情况：老师在讲新知识时，经常会用到以前学过的某个知识点，自己一时想不起来。当你正在努力回想的时候，老师已经讲到了下一个问题。这种情况就已经妨碍了对新知识的理解。

还有这样的情况：老师点名让你朗读新课文，如果自己之前没有预习，朗读课文时就会在发现有许多不认识的字，结结巴巴，频频读错字，自己也会觉得很丢脸。

无论从学习的角度上来说，还是从自信心的树立上来看，预习的作用都非同一般、不可小觑。抓好预习这一环节，我们才能轻松上课，进而取得优异的成绩，跻身于优等生的行列。

超级链接

学习由课前预习、上课、课后复习、做作业四个环节组成。如果缺少了课前预习这一环节，就会影响下面各个环节的顺利进行。所以，我们要利用课前预习，扫除新课中的"拦路虎"，为下面的学习环节打下坚实的基础。

第二节　预习"五步走"

调查发现，有的同学虽然意识到课前预习的重要性，但是并不知道该如何进行预习。很多同学认为预习只要把课本的内容浏览一遍即可——这是一种肤浅的认识，因为没有思考的浏览是一种无效的学习。有效的预习要讲方法，一定要明确预习要达到的目的。

概括来说，预习可以分为"五步走"。

一、第一步——读

不管是哪一个科目的课前预习，首先都应该阅读。只有真正"读进去"，对不懂的地方和想不透的地方提出疑点，找出问题，然后带着这些问题上课，才能取得最佳的听课效果，提高学习效率。

读书的方法有多种，不同内容、不同性质的学习，应该有不同的读书方法和读书要求。如果将读书划分为粗读、细读、精读三个层次的话，那么课前预习应达到由粗读到精读的要求。

首先，花一两分钟时间概览全篇，观其大略，了解梗概，从而对新课有一个粗略和直观的印象。

其次，仔细地阅读。细读中应弄清课文的重点、难点以及个人的疑点所在。要求能把握中心，初步理解课文。根据小标题了解这一节内容可分为几个部分，每个部分又分别讲了哪几个问题，从整体上把握课本的脉络。

再次，精读课本内容。不仅要阅读课本的文字内容，而且要阅读课本的链接、插图、曲线图和其他图表。只有这样咬文嚼字地阅读，你才会真正理解概念和定理中最关键的字、词、句的特定含义。

另外，进行预习前可以草拟预习提纲，然后根据预习提纲带着问题去阅读、思考和理解课文。这种做法将学生的预习阅读与老师

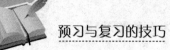

的课堂教学以及课后的巩固训练熔为一炉，不仅可以实现课堂教学的高效率，而且可以有效地培养学生的自学能力。建议刚开始起步进行课前预习的同学，最好能配合使用这种预读提纲和思考题，这样可以起到事半功倍的效果。

课本是学生学习知识的依据，阅读时要逐字逐句地推敲，读懂题目和题解，不能走马观花、不求甚解。

二、第二步——画

在阅读时，还要注意对课文中生字、成语做出标记，要对有关概念、定理和重点圈点画线。不要小看阅读中画的这些圈和线，它留下来的往往是阅读者随课文内容而展开的思维痕迹。

圈点画线没有统一的规定，多数人有一些习惯性的标记方法。例如用圆点（.）表示重点的语句，用三角形（△△△）表示几个并列的观点或者事物，用问号（?）表示对有关问题的质疑；用波浪线（〰〰）表示关键性的语句和段落；用单直线（＿＿）、双直线（══）和三直线（≡≡）表示重要程度不同的概念或定义。

每次阅读时也可以用颜色不同的笔进行勾画，这样有利于区别阅读的层次。颜色不同，代表的见解和意义也不同，也代表理解在步步深入。一个善于阅读的人，会有一套自定的习惯记号，每种记号很自然地代表了所表达的意义。

我们一定要养成"不动笔墨不读书"的好习惯。"不动笔墨不读书"的意思是：如果读书，就要动笔；如果不动笔，还不如不读书。边读边画，画出不懂的地方，这样才能做到有目的、有针对性地听课。

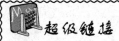 超级链接

　　阅读中，勾画要运用得当，不是什么内容都值得动笔一画的。重要的不重要的都乱画一气，会使得原本干净简洁的书本变得凌乱不堪，而且勾画得太多反而有碍于突出重点。在课后进行复习时，会对找重点问题带来不便，进而浪费时间，影响学习效率。

三、第三步——写

　　有时单靠符号的勾画是不能完全表达其意义的，这时就需要批注。一般来说，在书的天头、地脚、段尾或篇末的空白处都可以随读随写。诸如段落篇章的简单提要、阅读中的个人见解、对文中某个问题的质疑等。

　　要注意的是，阅读中不要急于加批语，一知半解、没有领会课文主旨的批注，不仅毫无意义，而且会造成误批。批注的语言应精练，力求切中要害。

　　另外，对于优美的句子可以摘抄下来，在抄写的过程中可以加深对句子的理解和记忆，领会作者的精神内涵。

　　此外，对于难以记忆的公式可以通过抄写使自己加深印象，便于快速记忆，同时也有利于课堂上的运用。

四、第四步——想

　　阅读的同时还应该进行思考，思考文中的主要内容以及自己不懂的问题。

　　这些问题也可以促进你的预习，你可以一试：

　　●这一段的主旨是什么？

● 这个公式还可能推导出什么结果？

● 这一理论能解释日常的现象吗？

● 这一发明对当今世界都有什么影响？

● 这一步是如何得出的？

● 这种说法的论据是什么？

● 这一知识点和以前的什么知识相关联？

在分段细读之后，合上课本，闭目反思，把新课内容从头至尾过一遍。如果你感到知识连贯、脉络清晰，这说明你对课文的内容梗概和中心思想已经比较熟悉了。

在思考的过程中，尽量让新知识与已学过的旧知识建立联系，将新知识与现实相联系，这样除了便于理解新知识外，对于其运用和记忆也能起到很好的帮助。

五、第五步——练

在以上的步骤都进行过后，可以尝试完成课后的练习题。课后练习是为巩固所学的知识而准备的，预习中可以先试做那些习题，用来检验自己的预习效果。但要注意的是，每次选择练习题的量要适度。

如果是预习计算题，要注重理解计算方法；如果是预习应用题，要注重理解解题思路和解题技巧。预习时可以自己先把例题解答一遍，再与书本对照，最后想想有没有其他解法。

总之，做好课前预习，不仅可以明确新课的重点和难点，使自己在课堂上有针对性地学习，提高学习效果，而且有益于培养自学能力、增强自信心。只有通过自己课前的阅读、思考、练习，课堂上有疑而听、有疑而问、有疑而论，才能达到良好的学习效果。

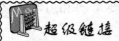 超级链接

　　对预习中感到困难的问题应先思考，不要轻易放弃。许多问题乍一看有点难度，其实经过仔细地思考就"露出真面目"了。如果是因为自己的基础知识不牢固，可以翻阅相关资料，联系以前学过的知识看能不能理解；如果自己实在无法理解，先记下来，等到课上认真听老师讲解。

第三节　预习的技巧

　　很多同学把预习理解为简单的课前阅读，认为今天要讲的内容看过一遍就是完成任务了，其实，这种想法是极其错误的，预习不只是看书而已，它还包括以下几个方面。

一、解决唾手可得的问题

　　在预习的过程中，你必须了解要学的新知识可能会涉及哪些旧内容，对于已经学过的知识你是否存在遗忘或者不理解的现象。如果有，就应及时进行弥补、复习、巩固，为第二天的新课扫除理解的障碍。

　　随着时间的流逝，记忆会有一定的遗忘。这就要求我们适时地进行再学习，以此巩固知识，加深印象。对于遗忘的知识点尽快翻阅相关资料，进行知识加固，从而为接下来的学习铺平道路，不要指望第二天老师帮助你回想，这种唾手可得的事情我们应该自己尽快将其解决。

二、巧用工具书

　　我们在进行课前预习时，遇到生词或生僻的字应该马上查阅工

具书，除弄清字音、词义，会读会写之外，还要了解和思考它的近义词和反义词，为新知识的理解奠定基础。

一般来说，工具书所收集的信息具有权威性，它可以为你节省大量的时间和精力。因此，碰到不理解的字词，不妨自己动手查工具书解决。此时"不耻下问"不太合适，因为他人的理解也未必准确无误，而先人为主的可能并不准确的认识会影响你对新知识的理解。

超级链接

心理学研究发现，学习过程就像体育比赛，一个人需要一种精神优势才能取得好成绩。一些学习成绩差的学生，往往由于听不懂老师讲课而逐渐失去积极自信的心理状态，失去精神优势。如果他们课前加强预习，就能做到心中有数，在听课时就能保持积极主动、轻松自如的心理状态，这种心理状态正是学习中需要的精神优势。

三、做预习笔记

俗话说："好记性不如烂笔头。"这是在说笔记的重要性。在课前预习的环节中，我们也应该做好预习笔记。预习笔记主要包括看书时的初步理解和学习心得，对已理解问题的深入理解，对疑难问题的记录等。预习笔记既可以写在书上，也可以写在笔记本上。

写在笔记本上的预习笔记既可以边读边做，也可以在阅读课本后再做整理。整理的内容包括本节课的重点、难点部分的记录及心得体会；本节课讲授的主要问题，以及它们的前后关系、逻辑联系，预习时遇到的疑点和难点，自己是如何解决这些难点和疑点的，查阅了哪些工具书，所查阅的资料中有价值的部分的摘抄及心得体会。具有充裕的课前预习时间或有较强自学能力的同学，可以把提炼出来的内容写在笔记本里。

预习笔记的语言应尽量简洁，重在记下自己预习中发现的问题和自己的见解，在写预习笔记时要留出一定的空白，以便听课时把老师讲授的有价值的内容补充进去。

另外，阅读完一节新课的内容，再将全节内容从头至尾浏览一次，然后自己概括本节课的全部内容，找出这一节的主干，列出其知识框架，使这一小节内容更加系统化。

超级链接

预习笔记一般不宜在课本上批注，因为这时你的一些想法不一定成熟，不一定准确。如果确需批注，也要用铅笔清晰简洁地写。课本可以说是你学习和复习最重要的凭借，将有价值的课堂笔记写在书上最为简单实用，用于复习也非常方便。所以在书上不要随意涂写，以确保在书上留下有价值的高质量的批注。

四、学会思考

学习的过程，应当是用脑思考的过程，课前预习的过程也应当是用脑思考的过程。无论是用眼睛看，用口读，或者用手抄写，都是作为辅助用脑的手段，真正的关键还在于用脑子去想。

例如，学习一个复杂的复句，如果只是盯着句子看，也许没有什么效果，而且很难理解，不容易掌握。然而，如果你能真正去思考这个复句，分析它的结构，标记出它的层次，往往可以很快理解。可见，如果看书时能做到集中精力，发挥大脑的潜力，就可以大大提高学习的效率。

综上所述，课前预习应该几个方面并用，单单只是"看"的话，是起不到任何作用的，对于第二天的课堂来说，许多知识你只是见过而已，并没有掌握。

第四节 预习不等于自学

李晓明是一名即将升入初中的优秀学生，为了能够更好地适应初中的学习环境，取得优异的成绩，他特意在暑假期间把新学期要讲的课程内容都认真仔细地预习了一遍。新学期一开始，他发现老师总是讲那些自己已经知道的内容，觉得没意思，认为自己不需要听讲也完全可以取得好成绩。在以后的课堂上，他越来越不重视老师所讲的内容。久而久之，李晓明养成了上课不是走神就是做小动作的坏习惯。期中考试时，他的成绩不但没有遥遥领先，反而下滑了。

为什么李晓明在课前做了细致、认真的预习，学习成绩反而下滑了呢？原来他犯了一个严重的错误，就是把预习当成了自学，以为自己已经学过了，对真正的课堂知识掉以轻心，才导致了严重的结果。

这里有必要对自学和预习进行一下区分。自学是运用已有的知识经验，主要通过独立钻研，把新知识弄通弄懂，完全理解和掌握。然而，预习不同于纯粹的自学，预习仅仅是一种课前准备，预习是对要学的知识有个大体了解，找出疑点，提出问题。

超级链接

　　进行课前预习时还要多用心分析，找出疑问，这样才能在上课时带着疑问听讲，加深对知识的理解和认识。那么，怎样才能发现疑点和产生疑问呢？这就需要我们在预习时开动脑筋，认真分析，不轻易放过那些难以理解和有疑问的地方。这些疑难之处，如果能通过已掌握的知识加以解决最好，不能解决的，可以记在预习笔记上，然后通过听讲将其弄明白。

课前预习时遇到的疑难之处，并不要求全都弄懂弄通，毕竟，发现问题才是预习的关键所在。因为有了问题，我们对新课的学习才有目标，上课时，才会主动、有重点地去听课，从而提高课堂的学习效率。像李晓明那样，把预习当成自学，反而会起到事倍功半的效果，不仅养成了不良的上课习惯，而且影响了学习成绩。

可以说，预习是学生接受新课知识的第一步，对于新课知识的学习，原则上说只是起到一个"探路"的作用，真正掌握新知识主要是在后续的学习活动中。然而，有的学生好高骛远，确定的预习目标太高，希望在课前预习中解决新课的所有问题。其实，这既不可能，也没有必要。

那么，在课前预习中，究竟应该侧重于哪些问题的学习呢？

第一，重温相关知识，扫清听课障碍，初步了解即将学习的基本内容。

第二，找出学习内容的重点、难点和疑点。

第三，初步思考课文后面的练习，对于难度较大的问题可做上记号，准备课上与同学讨论，或者向老师请教。

第四，通过预习，能给自己提供一个培养自学能力的平台。一旦自己善于运用预习方法，养成了课前预习的习惯，由不自觉到自觉，由"要我预习"发展为"我要预习"，自学能力自然就培养起来了，学习成绩也会有所提高。

预习不等于自学，把预习等同于纯粹的个人"自学"，只会加重你的学业负担，进而影响到你的听课质量。

超级链接

　　只有积极主动地学习，才能感受到其中的乐趣，才能对学习越发有兴趣。有了兴趣，效率就会在不知不觉中得到提高。有的同学基础不好，学习过程中碰到不懂的问题又羞于向人请教，结果是郁郁寡欢，从何谈起提高学习效率。这时，唯一的方法是，向人请教，不懂的地方一定要弄懂，一点一滴地积累。如此，才能逐步提高学习效率。

第五节　课前预习是良性循环的基础

　　随着素质教育改革的不断深入，课程不断增加，各种课程被引进课堂，这就要求学生主动地对相关的课程进行预习。课前预习是良性循环的基础，大概表现在以下几个方面。

一、课前预习可以增加学习兴趣

相对于第二天不知讲什么内容的学生来说，进行过课前预习的学生更能融入到课堂的氛围中，甚至带领大家进行共同学习，或是成为这节课的"宠儿"，备受关注、大受鼓励。这样几次课程下来，预习过的学生对本课程的兴趣会逐渐增加。

二、课前预习可以培养学生的自信心

每个学生都有较强的表现欲，希望得到老师的表扬、同学的赏识。平时不爱发言的学生主要是因为怕答错问题，受到同学的嘲笑。然而通过预习，可以把新知识确切地掌握，他就有一种良好的心态去表现自己，敢于在课堂上大声发言了。这些学生逐渐会在预习的过程中找到自信。

> ### 智慧锦囊
>
> 如果说我对什么事情总是应对自如的话，是因为我早已深思熟虑、成竹在胸了。
>
> ——法国政治家、军事家 拿破仑

三、课前预习是提升学习成绩的平台

经过课前预习，上课时的难点、疑点自然会变少。学生在课堂上可以将重点放在自己不理解、不懂的问题上，从而做到将每节课的内容全部"收进囊中"。日积月累，学习成绩自然会得到提升，而不会出现很多知识不清楚、很多题不会做的情况。

四、课前预习可以提升做作业的效率

在课前预习的过程中，许多课后练习题一并被消化了，难懂的知识点经过课堂上老师的精妙讲解，也已经攻克。所以花费在做作业上的时间要远比没有预习过的学生少得多。

课前预习在学习的过程中是在起巩固基础的作用。只有把基础打牢固了，学习才能更上一层楼，才能形成良性的循环。

忽视课前预习的作用，为了一时的方便不进行课前预习，很可能会造成对新知识一知半解、新内容记不牢、做作业的速度缓慢的情况。加之课程繁多，随着时间的推进，由此带来的"包袱"会越变越大，对课后复习和优异成绩的获得都会带来一定的难度。

学好一门功课最主要的就是课前预习。课前预习如同战前的侦察，打仗不侦察往往会导致不必要的牺牲，学习不预习也会造成不必要的"牺牲"，"牺牲"的是时间和精力。预习了才能做到心中有数，听讲才能主动，才容易与老师产生共鸣，配合默契，积极主动地学习。

寄语家长 ▶▶▶▶

在关心孩子成绩的同时，孩子的自信心也是值得关注的——是否沉默寡言、是否不善于回答问题、是否对学习没有兴趣。另外，孩子在学校时的自信心很可能会影响其性格发展、人际关系。如果自信不足，甚至对孩子进入社会都会产生不利的影响。

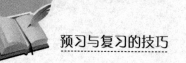

第二章　选择适合自己的课前预习方法

俗话说:"适合自己的才是最好的。"这句话也可以恰当地运用到学习中。课前预习的重要性显而易见,如何运用正确的、适合自己的预习方法则成为关键。课前预习方法多种多样,包括提纲预习法、符号圈点预习法、快速阅读预习法、"温故知新"预习法、扫除障碍预习法、循序渐进预习法、表格预习法、质疑预习法、习题预习法9种。这几种预习法有其自身的特点,本章就对其做详细的介绍。

第一节　提纲预习法

提纲预习法,就是把所预习的内容列成提纲、提炼概括为有逻辑联系的纲要结构,使之层次分明,脉络清晰,观点突出,文字精练,便于掌握章节大意和中心思想。

我们在预习的过程中,像历史、政治、地理、生物等科目,都可以运用提纲预习法进行预习。这种方法可以增强预习的效果,加

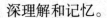

深理解和记忆。

比如，我们预习《北方民族大融合》这一课时，可以这样运用提纲预习法，提炼概括本课的纲要结构。

北方民族大融合

一、背景

1. 黄河流域各民族人民的接触和交往日益频繁

2. 生产技术和生活习俗的相互影响

二、改革措施

1. 尽量使用汉语

2. 官家穿戴汉服

3. 采用汉族的管制、律令

4. 学习汉族的礼法

5. 鲜卑姓氏改为汉姓

三、意义

1. 汉族文化得到更大的发展

2. 人才得到有效的任用

3. 促进了社会的繁荣发展

再比如，我们预习《学会沟通》这一课时，也可以运用提纲预习法。

学会沟通

第一站 我们需要沟通

人与人交往需要理解和沟通。

在生活中，我们应该积极学习交往和沟通的本领。

人际交流是两个或两个以上的人借助于语言符号（语言文字）

或非语言符号（目光、姿势、体态、声调、面部表情及动作等）系统，进行沟通、理解和产生相应行为的过程。

第二站　学会沟通和交往

1. 我们要学会与父母沟通

2. 我们要学会与老师沟通

3. 我们要学会与同学和伙伴沟通

扩展阅读：怎样建立良好的人际关系

1. 优化个人形象

2. 言谈举止应得体

3. 加强自身的道德修养

4. 讲究礼节、礼仪

5. 提高艺术素养

6. 营造健康的心理机制

7. 遵守法律法规

通过上述预习法我们可以看到，每一课的预习根据具体的情况都可先立若干大提纲，然后再列出若干小提纲。通过这种形式的提纲，使预习的课文脉络清晰、层次分明，便于我们掌握章节大意和中心思想。

超级链接

列提纲可以使课文知识一目了然地呈现在面前。文章的要点、重点词语都被提炼出来。经过这样的预习，课文的内容就很容易理解和识记，为课堂听讲铺平了道路，而且也方便课后进行复习。提纲预习法对于学习记忆性、逻辑性强的科目，确实有不错的效果。

第二节 符号圈点预习法

符号圈点预习法，也称符号标注法，是阅读课本时找出重点、难点，并用一套能代表某方面的理解意义的符号在字、词、句、段上圈点勾画。尽量做到眼到、手到、心到，使读、想、记三个环节有机地结合起来。标上记号为听课、复习做好了充分的准备，有利于注意力的集中，激发思维，增强记忆。

符号圈点预习法应当贯穿在每一种读书方法的过程中。这种方法的运用全凭个人喜好，因人而异，归纳起来一般可分成两个步骤进行：

一、初读标记

我们读第一遍时，因为对书的具体内容还有点陌生，因此阅读的重点在于把握文章的主要内容，理清整体脉络，做到心中有数。初读标记可用铅笔进行标注，此时可以很好地运用一套自己喜欢用的符号圈点勾画出文章的要点、难点和疑点，为下一步的阅读打好基础。

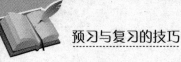

二、重读整理

依据第一遍阅读做的各种符号标记，在第二遍阅读时，初读时勾画出的许多难点、疑点就自然"化解"了。在这种情况下，我们就需要对初读标记加以整理。具体来说，就是该删去的删去，该增加的添上。此时，你便会感到许多知识已经牢记在心，并且对所读的文章有了较为深刻的理解。

作为新中国的开拓者和建设者，毛泽东同志可谓功不可没。然而，毛泽东的爱读书也是出了名的。毛泽东曾说过，"我一生最大的爱好是读书"，"饭可以一日不吃，觉可以一日不睡，书不可以一日不读"。书对于他来说就是生活中不可或缺的一部分。

 超级链接

运用符号圈点预习法应注意以下几点：

1. 所使用的勾画标记要有各种区别意义的符号，并且逐步形成自己惯用的符号系统。

2. 符号要简明醒目，意义明确。

3. 批注的文字应该简明扼要。

4. 圈点勾画时使用的符号不宜过多，否则会因零乱而难以辨认；但也不能过于单一，否则会分不清主次，不便于日后复习。

5. 圈点勾画，要在理解内容的基础上进行，切忌随心所欲、避免重复勾画。

毛泽东不光爱读书，而且特别讲究读书方法，其中有一条很著名的原则：不动笔墨不看书。毛泽东每阅读一本书、一篇文章，都会在重要的地方画上圈、线、点等各种符号，在书眉和空白的地方写上批语。有时他还把其中的精当之处摘录下来，或是即兴写出读书笔记。在毛泽东所藏的书中，批语、圈点，勾画满书，直线、曲线、双圈、三角、叉等符号比比皆是。

毛泽东早年在阅读《伦理学原理》一书时，用工整的毛笔楷书，把批注写在书眉、空白的地方，共写下了 1 万多字。

伟人认真学习的精神值得我们"借鉴"，我们应该以此为榜样，努力取得优异的成绩。

在此，举一个对符号圈点预习法合理运用的例子供大家参考。下面是，某位同学在预习《背影》这一课时所加的圈点批注。

我说道："爸爸，你走吧。"他往车外看了看说："我买几个橘子去。你就在此地，不要走动。"我看那边月台的栅栏外有几个卖东西的等着顾客。走到那边的月台，须穿过铁道，须跳下去又爬上去。/父亲是一个胖子，走过去自然要费事些。我本来要去的，他不肯，只好让他去。/我看见他戴着黑布小帽，穿着黑布大马褂，深青布棉袍，/蹒跚地走到铁道边，慢慢探身下去，尚不大难。可是他穿过铁道，要爬上那边月台，就不容易了。他用两手攀着上面，两脚再向上缩；他肥胖的身子向左微倾，显出努力的样子，这时我看见他的背影，我的泪很快地流下来了。/我赶紧拭干了泪。怕他看见，也怕别人看见。我再向外看时，他已抱了朱红的橘子往回走了。

（1）描写身材：胖

（2）描写衣着：戴着黑布小帽，穿着黑布大马褂，深青布棉袍

（3）描写动作：蹒跚、探身下去、两手攀着、两脚向上缩、身子向左微倾

月台：站台

蹒跚：因为腿脚不灵便，走路缓慢摇摆的样子

拭：擦

这位同学用"_____"标出了重点句子，用"."标出了重点词，用"／"分出了层次，并用批注的形式概括了每一层的主要意思。这样预习，会在阅读中迅速把握关键词句、重点内容，提炼出文章的重点，有助于深入理解文章的思想内容。总之，无论用什么样的符号，一定要有一个严密的系统。

符号圈点预习法使用方便，易于检查，可以促进理解，增强记忆，提高预习效率。符号圈点预习法特别适用于中学生，如果你在预习时能够做到手不离笔，认真地给课本圈点、做标记，就说明你对预习环节是十分认真的。

第三节　快速阅读预习法

快速阅读预习法，又称速读预习法，是指用超常的速度进行阅读的方法。这种方法需要经过一段时间的培训和练习才能掌握。

运用快速阅读预习法必须有明确的预习目的，并根据目的来选定阅读课本或参考资料的范围、内容。

概括而言，快速阅读预习法的一般步骤为：

第一步，通读前言（或序、引言、作者序）。

第二步，浏览目录。

第三步，翻阅有关知识的书页，重点是标题、插图、图表等引人注意的地方。

第四步，对重点内容做好摘录。

第五步，依据阅读材料给自己提问题。

预习课文，我们要明确这篇课文里何时、何地、何人发生了什么事，为何发生，最后如何解决，有何重大影响等问题。

比如，预习《塞翁失马》。

近塞上之人有善术者，马无故亡而入胡。人皆吊之。其父曰："此何遽不为福乎？"居数月，其马将胡骏马而归。人皆贺之，其父曰："此何遽不能为祸乎？"家富良马，其子好骑，堕而折其髀。人皆吊之，其父曰："此何遽不为福乎？"居一年，胡人大入塞，丁壮者引弦而战。近塞之人，死者十九。此独以跛之故，父子相保。

快速阅读预习《塞翁失马》后，我们要弄清突然"失马"是福是祸，莫名其妙"得马"是福是祸，塞翁的生活哲理是什么，这则寓言说明了什么等问题。

再比如，预习《奇妙的克隆》这篇文章时，我们可以在快速阅读全文后，给自己出几个问题：什么是克隆？克隆的研究进程是什么？如何克隆？克隆技术可带来什么好处？等等。

快速阅读完课文后，我们可以试着回答这些问题，以此来检验自己的预习情况。

运用快速阅读预习法应有良好的阅读习惯。比如无声阅读、眼脑并用、扩大视读广度等多种方法配合以提高预习时阅读的速度。

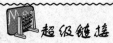 超级链接

　　快速阅读预习法不仅在平日的预习中发挥着重要的作用，而且是一种终身受用的学习习惯。但要真正养成这种习惯，并不是一朝一夕就能做到的，必须有坚强的毅力，长期坚持练习下去才能掌握。

第四节　"温故知新"预习法

　　具体来说，"温故知新"预习法就是要求在预习的过程中，一方面初步理解新知识，归纳新知识的重点，找出疑难问题；另一方面，复习、巩固、补习与新知识相联系的旧知识。"温故知新"预习法要求预习新内容时要与学过的旧知识联系起来，联系旧知识，学习新知识，使知识系统化。

我们通常会发现在新课的预习中要用到某些旧知识，然而这些旧知识由于学过的时间较久而变得生疏了，如果不复习一下，就会影响新课内容的学习。这时，可以先复习有关的旧知识，以便顺利学习新课。这样，在预习新内容时，不但对已学知识获得新的认识和体会，还能更好地预习新课内容。

超级链接

　　每天有个好心情，做事干净利落，学习积极投入，效率自然高。低落、萎靡的情绪会严重影响人的思考，千万别在不佳的状态时学习，这样不会有什么好的结果。另一方面，把个人和集体结合起来，和同学保持互助关系，团结进取，也能提高学习效率。

例如，预习物理中的"能量的转化和守恒"这一节时，就应对本节前面学的内容进行复习——什么是动能、什么是机械能、什么是化学能、什么是内能、什么是热能等相关的内容。这样才能更好地理解能量的转化与守恒。

在一定条件下，各种形式的能都可以相互转化：摩擦生热，机械能转化为内能；水电站里水轮机带动发电机发电，机械能转化为电能；电动机带动水泵把水送到高处，电能转化为机械能；植物吸收太阳光进行光合作用，光能转化为化学能；燃料燃烧时发热，化学能转化为内能……

通过对能量转化的了解，也就可以更容易理解——

能量既不会凭空消失，也不会凭空产生，它只会从一种形式转化为其他形式，或者从一个物体转移到另一个物体，而在转化和转移的过程中，能量的总量保持不变。

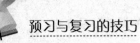

　　通过温习已经学过的知识，本节的内容就变得易于理解，不但能减少听课时的疑难问题，使听讲更有效率，而且会对"能量的转化和守恒"这一节的内容记忆犹新。此外，也可以大大减少课后复习时所花费的时间，进而提高学习效率。

　　每天抽出一定的时间复习当天所学的课程或者与新内容相关的旧知识，接着往下学习新内容。由于刚刚复习完，对知识有较深的理解，沿着已有的思路再往下进行新一轮的学习环节，就非常容易进入学习状态。这就是预习环节与其他学习环节一起做的方法。这种方法，对于每天都要上的重要科目很实用，比如，语文课、数学课、英语课等科目。"温故知新"预习法，不仅巩固了以前学过的知识内容，而且还预习了新课程，可谓是一举两得。

　　寄语家长▶▶▶

　　物理知识和生活有着密切的联系，家长可以考虑用日常生活中的事例检测孩子的学习情况，以此加深他们对所学知识的了解。比如，可以向孩子提问，以下的能量是如何转化的：

　　☆打气筒打气时筒管逐渐变热

　　☆手掌摩擦变热

　　☆小朋友从滑梯上滑下来

　　☆一只猴子从树根爬到树冠处

　　通过检测，可以及时发现孩子对新知识的掌握情况。如果发现偏差，应及时予以纠正，防止其"越走越远"。

第五节　扫除障碍预习法

　　扫除障碍预习法，是指学生在预习过程中通过查阅工具书、相关资料以及请教他人等方式扫清学习障碍的方法。这种课前预习方法的特点是具有学习的自觉性，学生能自觉地克服学习中所遇到的困难而继续前进，进而养成良好的习惯。

一般来说，扫除障碍预习法的过程既是找问题的过程，也是解决问题的过程。学生在进行课前预习时，应该认真阅读课本，找到问题后不仅要标上记号，而且要努力去解决，尤其对于一般的知识，在预习中能自己动手解决的则应自行解决。因此，务必开动脑筋去想问题，或者通过查阅工具书、资料及请教他人去解决。

最常见的扫除学习障碍，应从两方面进行考虑：①解决生僻字，可以从读音、字形、字义方面把握；②理解、掌握生词，不仅要掌握其形体，还要将其放在特定的语境中去理解它的含义。我们可从它的原义、比喻义、引申义三方面出发，再结合语境进行考虑。

运用扫除障碍预习法的基本做法是：通过查阅字典等工具书去解决；有些疑难句子之类的问题，通过复习过去所学的知识或到图

书馆查阅相关书籍而求得解决；对于一时查不到书籍及相关资料的问题，可以通过向家长、同学、老师请教或一起讨论解决。

总之，通过一定的方法扫除学习障碍，明确学习的重点及自己的难点所在，以便自觉地听好课，积极、主动地学习，真正掌握学习的主动权。

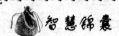

读书切戒在慌忙，涵泳工夫兴味长。

——南宋哲学家、教育家　陆九渊

例如，我们在预习一篇课文时，首先要通读一遍课文。遇到疑难的字、词要查一查字典、词典，扫清障碍。只有做好这些工作，才能通顺地朗读课文，了解课文大意，并加深对课文的理解。尤其是关键的字词很可能会影响我们对某些重点语句的理解。

这种方法不仅适用于中小学生的学习，就是一些成年人也常用这种方法学习。例如，张海迪就靠自学翻译出了《海边诊所》这本书，其中除了她具有惊人的毅力和勤奋的精神外，还和她使用了扫除障碍法有很大关系。可以说，张海迪就是靠工具书，一个字一个字地扫除翻译上的障碍，最终完成全书的翻译工作的。

由此可见，扫除障碍预习法在预习上或在学习上，都是一种有效的方法。当然，有时可能时间不允许，但必须要养成这种习惯。

例如，一位同学在预习鲁迅的《药》时，读到华老栓买"人血馒头"给患病的孩子治病时，她不理解这一问题，于是就问了爸爸。爸爸耐心地给她作了一番解释——当时人们的愚昧观念致使很多人认为"人血馒头"可以治病，所以华老栓才会去买——解了她的疑惑，而且也使她明白了文章标题的更深刻的含义——救人之"药"与救国之"药"。

如果这位同学在课前预习的时候对这一疑问不做解决，在上课的时候她可能还要花很多的时间来领会这一特殊的"药"的含义。这提醒着我们，在进行课前预习的过程中一定要全面预习，真正发挥预习的实效。

正确运用扫除障碍法，不仅能够为完成学习任务而扫除障碍，并且能够提高学生的自学能力。

第六节　循序渐进预习法

意大利文艺复兴时期著名的画家达·芬奇，14 岁那年到佛罗伦萨拜著名的艺术家弗罗基俄为师。弗罗基俄是一位很严格的老师，他给达·芬奇上的第一堂课就是画鸡蛋。开始，达·芬奇很有兴致。可是接下来的几天还是画蛋。达·芬奇想，小小的鸡蛋有什么好画的，于是不耐烦地问老师："为什么总是让我画鸡蛋？"

弗罗基俄说："别以为画鸡蛋容易，其实没有两个鸡蛋是相同的，即使是同一个鸡蛋，角度不同，形态也不尽相同。所以，要在纸上准确地表现出来，非下一番苦功不可，这个基础必须打好。"

达·芬奇听了老师的话，很受启发，更加刻苦地画鸡蛋。一年，两年，三年……他所用过的草纸堆得很高了，他的艺术水平也得到了巨大的飞跃，终于取得了成功。最终，他创作出《蒙娜丽莎》《最后的晚餐》《岩间圣母》《圣母子与圣安娜》等名作。

可以说，学习本身就是一个循序渐进的过程，预习环节同样如此，应该由易到难，由浅入深。

寄语家长▶▶▶

　　平时可以向孩子渗透一些做事的原则，鼓励他们做事之前应该先做准备，并有计划、有目的地进行，以此让孩子逐渐领悟预习的重要性。只有这样，课前预习才不会变为"任务"，他们才会真正将预习当做学习，当做取得优异成绩的不可或缺的一部分。

　　循序渐进预习法主要适用于预习难度较大，而又较重要的章节内容。循序渐进预习法要求对课程内容预习两遍，间隔一天。比如，对于物理的"牛顿第一定律"的内容，周五预习一遍，周日再预习一遍。这样，到了下周老师讲到这一内容时，就能更深刻地理解老师所讲的内容，更容易准确把握重点、难点。

　　运用循序渐进预习法进行预习时，可以分为以下几个步骤：

　　第一步，通读课文。看新课题目，想问题，之后初读课文，边读边标注出不理解之处。

第二步，掌握并理解文中的生字新词，把课文读通。对于查不出答案的地方，用问号标出。

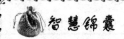
智慧锦囊

　　读书之法，在循序而渐进，熟读而精思。

　　　　　　　　　　　　——南宋思想家、教育家　朱熹

第三步，结合课后练习和自己的问题进行思考，查找和阅读有关参考资料，自己解决一些问题，发现一些新的有价值的问题。

第四步，再读一遍课文，写出自己的想法、感受和体会。

第五步，将课文读熟，用简练的语言写出全文的主要内容。

一篇文章经过这样用心、反复地阅读之后，一般问题就都能得到解决了。值得一提的是，通过这种方法的预习，我们会对文本有自己独到、深刻的见解和感悟。这对下一步听讲极其有利。

超级链接

　　预习方法和阅读方法一样，是灵活多样、互相结合的，往往是几种方法同步运用，不应绝对分开。并且预习一篇课文也不可能很具体、很细致地样样都弄通，只要按学习重点进行预习，解决主要问题就行了。

第七节　表格预习法

表格预习法，是指通过绘制表格，列出文章的重要组成部分、主要条目、关键问题的解决方法等方面内容的一种预习方法。

通过预习环节，我们必须要找出新课内容的重点、难点和疑点等问题。表格预习法的特点是一目了然，因此，不妨设计一个表格，化难为易，化繁就简。运用表格预习把学习的重点、难点设计成几个小问题，可以分散难点，取得良好预习效果。

例如，预习历史"中国社会的变化"一节时可以设计这样的表格：

所涉及的方面	之前的状况	变化后的状况	影响与评价
交通通讯			
文化生活			
社会习俗			

这个表格的设计，使社会变化有了比较，使人一目了然。我们在预习时既有了思考的顺序，预习效果又能得以保证。

再者，以化学为例，如"我们周围的空气"一章可以列出如下的表格：

基本内容	第二单元　我们周围的空气
重　点	1. 空气 2. 氧气 3. 制取氧气
难　点	1. 现象及分析 2. 空气的组成
其　他	1. 对空气的认识 2. 保护空气

在预习的过程中按内容的时间变化顺序、内容的递进顺序、不同内容差异比较或各知识点的相互联系或者差异以及整体结构把握，

列出表格或系统结构联系图，以利于对学习内容的总体把握，寻找规律或比较内容差异，形成对学习内容较完整、较系统的知识体系。

运用表格预习法可以采取先粗后细的方法，寻求各部分内容的内在联系，然后列出表格，再细读各部分内容，充实填充，找出内容之间的衔接或差异；也可以采用先细后粗的方法，继而归纳提炼，并把内容的关键部分及关系找出来，完善知识结构。表格预习法的优点是可以使知识脉络清晰，总体把握强，对学生自学能力的提高大有裨益。

超级链接

表格预习法可用于单元预习、单节预习，也可用于某一课的预习。通过简单地绘制表格，所有内容都会变得清晰明了，课文的主要内容显而易见地摘取了出来，可以全面提高我们的预习效率。此外，这样的预习笔记更便于我们日后的复习。

第八节　质疑预习法

读书时应该加以分析，不能盲目地迷信书本，不能完全相信它，应当辩证地去看问题。我们在课前预习的过程中，同样需要发扬"质疑"的精神，动脑思考，以巩固和获取新知识。

质疑预习法，是指在预习的过程中，对文章所阐述的观点、结论以及文中的某些说法进行质疑的方法。其实质疑并不是目的，我们的目的是为了有针对性地提出不理解的问题，通过思考、查资料、请教老师等方法，找出正确的答案，从而使视野更加开阔，思考问题更加深入。

　　著名数学家华罗庚在闲暇时爱读唐诗，并且他不只是读，而且时常会提出疑问。有一次，他读唐代诗人卢纶的《塞下曲》：

　　　　月黑雁飞高，单于夜遁逃。

　　　　欲将轻骑逐，大雪满弓刀。

　　华罗庚读着读着，就有了疑问：群雁在北方下大雪时早已南归了，即使偶尔有飞雁，月黑又如何看得清呢？于是，他就做了五言诗质疑道：

　　　　北方大雪时，雁群早南归。

　　　　月黑天高处，怎得见雁飞！

　　此诗一经发表，立刻被许多报刊转载。

　　然而过了不久，又有一些人反质疑。他们认为卢纶的诗中所描写的景象是对的，而华罗庚的质疑是错的。他们的理由是：唐朝时，许多边塞诗人都写过大雪天有飞雁的诗句。例如高适的"千里黄云白日曛，北风吹雁雪纷纷"，李颀的"野云万里无城郭，雨雪纷纷连大漠。大雁哀鸣夜夜飞，胡儿眼泪双双落"，这样的反质疑有根据，也能使人信服。不难看出，正确的质疑离不开丰富广博的知识。

　　我们在预习的过程中要像华罗庚一样，勇于给自己提出问题。因为只有提出问题，才有可能去进行思考，去寻求答案。

　　我国南宋诗人、哲学家朱熹曾说过："读书，始读，未知有疑；其次，则渐渐有疑；中则节节是疑。过了这一番，疑渐渐释，以至融会贯通，都无所疑，方始是学。"他的切身体会是值得我们思考的。我们应善于把质疑和思考、质疑与攻读有机地结合起来，只有这样才能真正获得知识的精髓。

　　预习中的疑问，通常可以分为两种情形：一种是结合书本内容提出来的问题，如课后提问、练习等，这只要经过阅读课本，认真思考就可以解决；一种是经过深思熟虑才能提出来，还需要用多方面的知识或借助于他人帮助才能解决的问题。后　种总是对我们的学习具有更重大的意义。

　　运用质疑预习法，首先要学会质疑问难。针对文中的思想和看法提出自己不同的意见，再根据自己掌握的相关知识和资料来论证自己的观点。如果问题难度较大，自己无力解决，别忘了向家长、老师、同学寻求帮助，共同探讨问题，解决疑问，以便获得新成果。

 智慧锦囊

　　尽信书，不如无书。

　　　　　　　　　　　　　　　　　——《孟子·尽心下》

第九节　习题试解预习法

我们在进行课前预习时如果只是看书，很多问题并不能被发现，这样的预习达不到理想的效果。其实预习不仅仅包括看书，还应包括做习题。

据有关调查表明，平时坚持课前预习的学生中很少有人试解课后的习题——这也是预习达不到高效率的原因之一。

有的同学认为，提前做习题太浪费时间了，那是因为他们没有看到这样做的好处。一位老师对不习惯动手做预习题的学生是这样评价的："现在许多学生预习时，只是随便翻翻，根本不知道动手去做做题。从形式上看，他们太舒服了，一切预习事项都由老师代劳；但从实际上说，他们太吃亏了，几种有价值的心理过程都没有经历到。"

通过试解习题（可以是某一节或某一章的），可以达到初步理解内容的目的。据调查表明，平时坚持课前预习或阶段预习的学生仅20%，而进行预习的这部分学生，较多的人又不看和不试解课本后的思考练习题。

其实，课本后的习题，是编者根据教学大纲的要求，对课本中要点和重点的揭示，是帮助学生理解运用内容的具体指导。

 超级链接

　　预习应用题，可以用画线段或列表的方法帮助理解数量间的关系，弄清已知条件和所求问题之间的关系，找到解题的思路。

　　预习一些有关图形方面的问题，可以在预习中动手操作，剪剪拼拼，增加感性认识。

　　如果做题时出现错误，要想想错在哪，为什么错。如果仍找不到错误的根源，可在上课时重点听，逐步领会。

在老师还没有讲解习题以前，在预习时试着去解答某些习题，至少有以下两个方面的好处。

第一，习题是课文重点、难点的体现。课前预习时做习题，我们就可以轻松地了解到课文的重点和难点。比如，对于"氧气的制法"一节，通过对课本后习题试解后，就能理出本节的重点内容：①制取氧气的原理；②制取氧气的装置、氧气的收集方法；③催化作用和催化剂的概念；④分解反应概念、特点等。

第二，在试解习题的过程中，如果能解出来，可以提高你解题的信心和兴趣；如果解不出来，或者解错了，则可以提醒自己在课堂上必须认真听课才能把习题弄懂。如果遇到难题，也不必花太多时间钻牛角尖，留一些问题到课堂上解决是很正常的。

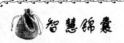 智慧锦囊

　　心灵的黑暗必须用知识来驱除。

——古罗马哲学家　卢克莱修

我们在预习时试做习题，一方面可以巩固知识，另一方面可以利用这些题目来检查自己的预习效果。如果我们在预习了课文的基本内容后试解课后的习题，哪些内容已知已会，哪些内容难懂不会，一下子就检验出来了。这样的预习方法可以使预习更具有针对性。

对于试解出来的问题，你可以通过听课对其加深理解；对于不能试解出的题目，表明你还没有真正理解课本的相关内容。你应该进行再思考，如果自己不能解决，就要在课堂上格外留心听讲，力求攻克，为提高课堂学习质量打下良好的基础。

寄语家长 ▶▶▶

建议您的孩子在预习后，选择一些习题来做。通过试解习题，哪些已经了解，哪些难懂不会，一下子就检验出来了。可以毫不夸张地说，习题试解预习法是检验预习效果的好方法，也是衡量孩子是否学会预习的好方法。

第三章　根据学科的特点，有针对性地预习

在前面的章节我们已经学习了多种多样的预习方法，除了选择适合自己的课前预习方法外，我们还应针对具体的科目进行相应的调整。侧重记忆的文科（语文、英语、政治、历史、地理等）和侧重思考的理科（数学、物理、化学等），它们的学习方法应该是有所区别的，一刀切的预习方法不但起不到学习的效果，而且还会挫伤学习的积极性。要想预习有成果，就要求我们根据学科的特点，有针对性地进行预习。

第一节　语文预习"七步曲"

语文，作为社会精神的产物，人类文化的载体，在人类生活中有举足轻重的地位。语文是一门基础学科，对于学生学好其他学科，对于提高学生的理解能力、语言表达能力、阅读能力、写作能力和交际能力等方面具有至关重要的作用。掌握语文学习的基本方法，养成语文预习的好习惯，培养发现、探究、解决问题的能力，可为继续学习和终身发展打好基础。

许多同学预习语文时，常常感觉是老虎吃天，无从下口。要么走马观花，将课文粗略看一遍，就算是预习；要么只是抓了几个"芝麻"，只查出几个生字、生词，最多了解一下文学常识，便以为是预习。语文的基础知识面广、知识点多，究竟应该如何预习呢？概括来说，语文预习"七步曲"值得借鉴。

一、第一步——看

预习语文时应该多看，看每个单元的"单元提示"，看课文前的"预习提示"，看课文，看注释，看课后的"思考和练习"。看完后，我们对单篇课文和整个单元就有了一个初步的印象和全面的了解。

二、第二步——读

读课文，或默读，或朗读，或轻读，或浏览，大体了解课文的基本内容，对全文获得一个完整的、初步的印象。明白是写人记事，是议论抒情，还是写景状物……这是预习时最基本的环节。

通读课文时，我们首先应该了解课文的大意，比如本文写了一件什么事，介绍了什么人，描写了什么景，告诉我们哪些知识，抒发了怎样的感情等。

为了获得对课文的深刻认识，我们可以带着问题再读一遍。在读每个段落时，都要思考该段写了什么内容，它与上下段之间有什么联系，它在全文中起什么作用。如果带着这三个问题去阅读，就能很好地掌握课文的主旨了。

三、第三步——画

根据自己对课文内容的大体了解，试着划分段落和层次，思考段意和句意，运用各种符号对课文内容进行勾画。还要熟读课文，多问几个为什么，标出疑点，画出不理解或没有完全理解的语句，以便在听课时提出质疑。

四、第四步——查

参照拼音，读准生字新词，多读几遍，对于读不准或不认识的字、不明白字意的字、模糊的字词、似懂非懂的句子，应借助工具书翻查，弄明生字、生词的音、形、义，难句，疑惑问题以及与课文内容有联系的问题，扫清阅读障碍。一篇文章里，必定或多或少有些同学们不认识的字、不会解释的词、不好理解的语句。自己尽量利用书上的注解或最常用的工具书（《新华字典》《现代汉语词典》《成语词典》等），争取自己解决。

例如，预习《安塞腰鼓》这篇课文时，就会发现"茂腾腾""后生""流苏""战栗"等字词在课文注释中并没有注音解义，也许有的同学认为只知道大概的意思就行了——我们的学习应该讲求准确，这就必须查字典、词典才能弄清其音义。如果等老师讲，那学习就变得被动了。

查找资料，并不拘泥于查字典、词典，也可以是上图书馆查阅，有条件的也可以通过网络等信息渠道查阅。

五、第五步——写

要求预习时要边读边写。预习时，可以写下字词的意思、句子的含义、段落大意、文章的中心思想、本文的写作特点等等，还可以写下自己无法解决的疑难问题。这样，在老师讲解的时候印象就会更加深刻，能掌握得更加牢固。

例如，预习《桃花源记》一文，我们在看预习提示及注释时，可以把与作者相关的内容按名（作家姓名）、时（出生时间）、地（出生地点）、评（对作家的评价）、作（选自哪部作品）归纳出来。如下：

名：陶渊明，名潜，字元亮

时：约生于365年

地：浔阳柴桑（今江西省九江市）

评：东晋著名诗人

作：《陶渊明集》

我们还可以在本子上设新词栏、重点问题、难点问题等，为上课做好充分的准备，把文中自己认为重要的或是优美的词语、句子以及段落抄在预习本上或活页卡上。这是积累语言材料的一种重要方法。

坚持摘抄，不但会丰富自己的词汇量，还会增强自己的口头表达能力和书面表达能力。当然，摘抄需要时间，需要下功夫，但为了提高能力，花些时间、下些功夫，还是值得的。

在预习记叙文时，一定参考一些资料，联系作者的写作时间及创作背景。俗话说"事出有因"，记叙文大都是作者在特定的处境、特定的年代、特定的时期的产物。

超级链接

　　我们在阅读课文的时候，要眼、脑、手并用，将预习时遇到的问题都用笔画出来。阅读时可以把自己认为应该积累的词语、句子和自己认为值得学习、借鉴的词句摘录下来。通过长时间的积累，你的阅读能力和语言组织能力都可以得到很大的提高。

六、第六步——思

　　在对课文初步了解的基础上，思考一下在文字上、语句上、内容上、主要思想上，还有哪些问题不太清楚，还有哪些问题需要在上课的时候认真听老师讲或向同学和老师请教的。应当把这些问题及时记录下来，当作自己的难点，以备听课时认真听讲，当堂解决。

　　结合课文的内容，解决课后题。每篇课文后都设计了练习题，预习时可联系前面的预习提示，思考这些练习。对课后的思考和练习，若能事先思考，就会做到心中有数，在老师讲授时，就会找到这些问题的思考角度或答案。这样，既提高了作业的质量，同时又节省了时间。

　　另外，对课文的主要内容、故事梗概、课文所反映的问题、课文所揭示的现象等，都可以进行思考，从而在透彻理解文章的内容时还可以增长知识、启迪心智。

 智慧锦囊

　　学而不思则罔，思而不学则殆。

　　　　　　　　　　　　　　　　——《论语·为政》

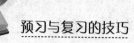

七、第七步——议

预习后要把预习时遇到的疑难问题、对课文中某些问题的看法，提出来与同学讨论，或请教家长、老师，以求纠正和解决；对于感受深刻、自己最喜欢的部分，可以与同学交流、探究。

另外，值得注意的是对说明文和议论文的预习。预习说明文时，要弄清说明对象的特征，只有这样，才能把握住文章的重点。常见的说明方法有：举例子、作比较、分类别、下定义、作诠释、列数字、打比方等。预习议论文时，要找出论点、论据、论证。通过阅读，应知道从哪些地方找中心论点（题目、开头、结尾、中间）；常用的论证方法有：举例论证、对比论证、引用论证、比喻论证等。在这些准备的基础上提炼出课文的中心思想、结构层次、重点、难点等内容，使预习有明显的效果，也有利于自己与老师、同学们做更深入的探讨，把语文学好。

语文中所涉及的知识比较广泛，包括文章的作者、时代背景、诗词释义、文化常识，以及课文中重要的人、事、景、物等内容。语文课本是由多种文体的文章组成的。一般情况下，在预习的时候考虑文体因素可以收到事半功倍的效果。

寄语家长▶▶▶▶

如果您的孩子不善于利用工具书解决预习中的问题，并且不知道如何预习语文课，那么要帮助他养成这些好习惯，以达到语文预习的最佳效果。贪玩是孩子的本性，开始的预习可以稍微时间短点，关键在于他（或她）对预习方法的掌握。

总的来说，预习的最大好处是能有效地提高我们的独立思考问题的能力，特别是培养自学习惯和自学能力。预习一篇课文不可能很具体、很细致，样样都弄通，只要按学习重点要求，解决主要问题就可以了。

第二节 数学预习"三步走"

预习是学习的前奏和序曲。基于数学课的特点，课前的预习环节是必不可少的。许多学生不进行预习，直接听课，要么会感觉云里雾里，要么总是有一些知识没有理解，加之课后的复习不及时，没有攻克的疑团会越积越多，长此以往，数学成绩可想而知。

智慧锦囊

少成则若性也，习惯若自然也。

——《孔子家语·七十二弟子解》

数学预习除了做到"识得庐山真面目"外，还应做到多思多练，心领神会。概括而言，数学预习可分为"三步走"：

一、读课本，了解主要内容

数学课本是学习数学知识的依据。数学课前预习时要逐字逐句地读，不能走马观花，一目十行。应从课本的情境图中发现数学信息，从整体上了解新知识，读懂书中的结论，把重要的概念、结论标记出来。如果读一遍觉得印象不深，可以再进行细读，逐步把握知识的来龙去脉，理解例题的解题思路和解题方法，然后在课堂上认真听讲，消化、吸收这些知识。这是数学预习的主要环节。

二、认真思考，标注疑点

数学预习不同于语文预习，多写多练就可以达到效果。数学预习要讲究方法，不能死记硬背，应该注重理解，弄清来龙去脉；要通过自己的思考和分析，努力将知识理解，收入"囊中"。对书本上的例题，想想还有其他的解法没有。预习不等于自学，对预习中碰到的疑难之处，自己可以先思考一番，实在无法理解、不能解决的，可以及时标记下来，留待课堂上听老师讲解，进而弄明白。如果课堂上也只是似是而非，课后可以和同学讨论或是请教老师。这是预习的重要环节。

超级链接

认真思考新公式、新定理是怎样证明出来的。在证明的过程中，看看有没有学过的知识，如果自己对学过的知识有点遗忘的迹象，可以先对旧知识进行复习，再进行新课的预习，这样可以起到很好的预习效果，不妨试试啊！

三、尝试做课后练习，检测预习的效果

学生通过预习，初步理解和掌握了新的数学知识，可以通过做课后的练习题来检测自己的预习效果。通过练习，既能发现自己的不足，又可以加深印象、巩固知识，还可以明确课堂上老师讲课的重点和难点。这是数学预习不可缺少的一环。

进行数学课的课前预习，好比在外出旅游之前看导游图，了解一下要游览的地方，做到心中有数。成功的预习作用主要有两个方面，一方面通过课前预习可以使学生明白本节课知识的重点、难点，找到自己的困惑。因为有了问题，学生对新课的学习才有目标。有

目标的学习，才会达到事半功倍的效果。另一方面，课前预习节省了老师不必要的讲授时间，给学生更充分的探讨时间，又能激起学生的学习兴趣和解决问题的欲望。

寄语家长 ▶▶▶

　　辅导孩子学习有很多种方法，有一些举手可做的事情不妨动手做做。比如，抽空帮助孩子检测一下公式，看他（或她）能不能写出来，是不是对的？如果错了，错在哪里？帮助他（或她）纠正错误，以此加深其对公式的理解和记忆。

第三节　英语预习"五注意"

　　英语科目的知识性和技巧性都没有数学、物理、化学那么强。有的学生说自己用了比其他学科多得多的时间进行预习，可是收效甚微，成绩总也上不去。更有甚者认为"学英语，难于上青天"，因此想放弃英语的学习。其实，要想学好英语，必须做好课前预习。预习好了，课堂就容易听懂了，而且自己也容易融入英语学习的氛围中。

众所周知，语言学科重要的是寻找语感，而对于一篇新的英语课文来说，寻找语感重要的一点就是尽快去熟悉它。每课预习要细致一些，这是预习的重点。英语预习大体可分为五个值得注意的问题，我们概括为"五注意"：

一、一定要通读全文，过好生词、语法关

通读全文是英语预习的主要内容，不要片面认为课前预习记一下新单词就可以了。英语预习包括记单词和读课文。

（1）记单词。在预习新课前，应先根据音标认读单词，并记住其词性和词义。在拼写单词时，可边读边写，做到眼、口、手、脑并用，进而提高记忆效果。

（2）读课文。读课文分为朗读和默读两种。朗读时尽量保持声音响亮，把重点放在语音语调的纠正上；默读的速度不可太快，重点应放在对词义和句子的理解上。

通过读课文，要求能对全文的意思有个大概的了解。在读课文的同时可以用不同的符号把生词、语法、重点语句、优美段落，以及不理解的地方画出来，边读边想，借助工具书和参考书，过好生词关。

对于课文，可以查阅相关资料，了解课文内容的背景知识。有条件的同学可以利用网络、百科全书查找背景材料。这样，在课堂上就能腾出更多的时间和精力，加深对重点、难点的理解。同时应了解时态、句型、重要短语和习惯用语等，联想和归纳以前学过的知识，试着理解课文的意思。同时要勾出未学过的词组与句型，对于句子中难理解的地方，用笔做上标记，以便上课时能有目的地听老师的分析和讲解。

朗读课文是英语预习的最低要求，可以说是适用于各个年级学生预习英语课程。它只需要学生在课前用十几分钟的时间，通过反复拼读而记住所学的生词，通过多次试读而达到能流畅朗读所学句型和课文，并能初步理解和熟悉课文的内容。

二、听录音，对课文内容有整体的感知

预习时，在读过课文后可听一两遍录音，然后模仿跟读，这样既可以提高英语听力，又可以培养良好的口语，可谓一举两得。

另外，模仿跟读的时候，应注意培养语感。语感是对语言的把握和感觉，语感的好坏在一定程度上反映着英语水平的高低。遇到精彩的段落，还要有思想、有情感，甚至配合一定的动作进行朗读。

同时，可以边听录音边给自己设计一些问题来回答，看看能否对课文有进一步的理解。听课文的次数和速度因人而异，起点不要太高，否则会使人丧失信心。

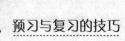

超级链接

对于中高年级学生而言，听力训练可以侧重于模仿练习，例如字母的读音、单词的连读、失去爆破，句子的升降调、停顿等方面的练习。通过长时间的训练，既可以提升英语听力，还可以增强口语能力。

三、翻译课文

朗读课文后，将课文逐句逐段译成汉语，不会译的地方记下来，准备课上听老师讲解。逐句逐段译完课文以后，从头至尾读一遍译文，这时你对原文会有更深的了解，对不恰当的翻译进行调整。

四、摘抄

在预习的过程中，把重要的短语、典型句子记录下来。因为短语和典型句子是构成英语对话、英语写作最重要的部分，通过摘抄既可以不断丰富我们的语言材料和语言知识，也可以为日后的复习提供方便。

五、对预习进行检测

一般来说，课本后都有基础练习，同学们在扫除了一定量的障碍后可以对自己进行及时的检测，这样可以检验预习的效果，也可以进一步理解和掌握课文的内容，达到学以致用的目的。

另外，预习时还应注意提出问题。从某种意义上说，提出一个问题比解决十个问题更有价值。如果发现不了问题，说明预习得不仔细、不全面。如何提出问题呢？一是联系过去学过的知识，围绕词义、词的用法和搭配、句型结构、语法概念提出问题；二是围绕课文的内在联系、情节变化、说话人的意图提出问题。发现问题后，自己解决不了的，再请教家长、老师或同学。

英语课前预习是一个非常重要的环节。通过预习，更容易把握新课的重点、难点，上课听讲时更有针对性，更能融入课文的情境中，还可以保持学习英语的兴趣。总之，养成良好的英语预习习惯，人人都能成为英语的"精英"。

超级链接

学习英语课程最好天天做预习。但每位同学的英语基础水平不同，预习的侧重点也应有所区别。

英语水平较高的同学主要是熟悉课文，多读几遍看能不能找出什么新的东西来。对课文中的句型，看看自己能否熟练地运用。预习的时候遇到一些重要的句型就试着脱离课本，自己使用该句型把那句话的意思表达出来，形成高效的自我检测。

英语水平稍低的同学一定要在老师讲课之前就把自己不熟悉的生单词全部掌握，包括它们的词根、派生和常用词组等。课文同样要多读几遍，用不同颜色的笔画出陌生的、难懂的词组、短语、句型等，把自己有疑问的地方重点标明出来，听课的时候做到有的放矢。

第四节　物理预习重推敲

物理学科是一种思维学科，中学物理学习的核心和关键是概念和规律的学习。不进行思考，物理学科就无法开展。

在进行物理预习时，仅仅通读课文是不够的。读过课文仅仅是有印象而已，既不能应用，又不能联系实际，可以说是没有达到效果。

物理预习应该注重推敲，特别是对于定律、概念中难懂或容易

混淆的词、句、段落，要逐字逐句推敲，反复阅读理解。只有通过反复地阅读分析，才能对物理概念、规律、定律推论等达到较高层次的认知。

预习时，把本节的知识要点、重点、难点以问题的形式列出来，并对疑难问题反复阅读、深入研究，这不仅有助于提高学生分析问题和解决问题的能力，也可以减轻听讲的理解难度，跟上老师的讲课进度。

物理中有些内容比较抽象，光看文字一时半会儿看不懂。此时，可以试着琢磨插图，反而会更快弄明白。比如，"大气压"一节的插图再现了马德堡半球实验，根据插图的描述，再结合文字内容，似乎就很容易理解了。

对于物理书上的实验图，则要细心琢磨。实验图将具体的操作方法真实地表现出来，正确的做法和错误的做法有时都进行了演示，通过琢磨实验图，我们就可以心领神会。

另外，在进行预习的时候，对于容易混淆的知识可以采用列表的方式将其归纳整理到一起，然后再进行推敲就比较容易了。比如，机械波和振动的图像都是正弦（或余弦）曲线，但它们所反映的物理意义不同，如下表所示：

	振动图像	波动图像
研究对象	一个振动质点	各个质点
研究内容	位移随时间变化	某时刻所有质点空间分布
图像		
依据图像可得到的量	任一时刻质点的位移和运动趋势，振幅 A，周期 T	该时刻各质点的位移和运动趋势，振幅 A，波长 λ
图像的变化情况	随时间而延伸，但原有部分图形不变	沿波的传播方向作平移，不同时刻图线的形状不同

通过列表对比，经过推敲琢磨可以更加直观地了解不同物理概念所反映的研究对象，坐标轴反映的物理意义的不同，两个图像所反映的物理量、运动趋势以及图像变化等的不同，使学生更加深入地理解两个图像的本质，从而加深理解。

超级链接

　　进行物理实验预习，是做好实验的前提和保证。它不仅能帮助学生明确实验目的、实验原理、实验步骤等，而且能引导学生运用科学研究的方法进行操作处理。通过对实验的预习，学生在上实验课时才更有针对性、目的性，主动、迅速地完成实验任务，而不会出现手忙脚乱、不得要领的匆忙实验。而且在匆忙中，实验现象也许会出现偏差，导致自己形成错误的认识。

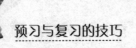

第五节　化学预习应多钻研

化学是一门自然科学，它包含一些化学基本概念、基础理论、化学反应的现象、化学反应产生的物质。对于化学，我们如何才能学好呢？在进行学习之前一定要做好课前预习，预习可以事半功倍，达到预期的效果。

可是有的同学课前做了预习，却没有达到预期的效果，这是怎么回事呢？下面让我们看看对化学很无奈的一位同学的说法。

张兰说："我每次上化学课前都预习，而且书上的内容我几乎都背过了，可是我上课时有的内容还是感觉有点不理解，在我正思考为什么是那样的结论时，老师就进行下面的内容了。而且我的考试成绩总是上不去，是不是我不够聪明？我是希望上化学课又怕上化学课。"

张兰的情况想必有些同学深有感触，她的课前预习方法不对，只讲求看书、背书，而没有进行必要的思考，化学预习时只有多钻研才能收到良好的效果。

化学预习的阅读是必不可少的，这只是前提条件。我们在预习时还应注意以下几点：

一、多思

化学预习不仅仅是死记硬背，预习时应在充分理解的基础上识记。比如，在预习有关"摩尔"的概念时，要思考为什么要建立"摩尔"这个物质的量的单位？怎样建立？它的含义是什么？如何使用"摩尔"这一单位？同时，在预习摩尔质量这一概念时，还要研究分析它的推导过程，弄清来龙去脉。

化学预习注重抽象思维，应在抽象思维的基础上建立化学概念和规律。再例如预习化学例题时，要留意解题的思路，分析解题的依据及格式。当然，自己也可以不看例题先解答一遍，然后再与书本上的对照，再想想是否还有别的解法。

二、实验

在进行化学预习时，对于可以进行操作的实验，不妨自己先试试，以便加深印象。例如，课本上讲了酸碱中和的化学反应，我们在进行预习的时候就可以进行简单的实验——加入适量的醋可以除去水壶里的水垢。

三、补旧

在进行课前预习时，还要根据化学课的特点，注重知识的系统性。在运用知识解题时，比如一些综合题，实际包含许多知识点，做题时，就相当于对每个知识点加以再现，这其实也巩固了记忆。假如做课后的练习时发现某个知识点想不起来了，要及时查阅这个知识点，作为学习新课的知识铺垫。

由于化学知识系统性强，前面的要领不理解，后面的课程就无法学下去，所以就会出现张兰式的"步步落后"的感觉。

因此，除养成课前预习的习惯外，还应该运用正确的预习方法，才能使化学课学习得轻松、高效，取得优异的成绩。

智慧锦囊

求学的三个条件是：多观察、多吃苦、多研究。

——加菲劳

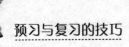

第六节　生物预习应多联系实际

生物科学是自然科学的一门基础科学，是发展最快的一门科学。同时，生物也是一门非常微妙的学科，生物课除了大量的记忆外，考查其逻辑思维时，有时甚至比分析物理过程还复杂。

那么，我们如何在短时间内对其进行有效的预习呢？

通读课文当然是必不可少的，通读的同时应进行思考，对于现实生活中可以进行直接了解的不妨先进行了解。

比如，预习"植物的层次结构"一节时，对于"绿色开花植物是由根、茎、叶、花、果实、种子六大器官组成的"这一知识点，除了参照书上的油菜花的图片进行思考，也可联系家里种植的开花植物，比如对凤仙花、茉莉花、郁金香、水仙、百合花、月季花、兰花等进行进一步的观察，看看家里的植物哪些部分没有，以此加深对本知识点的学习。

比如，预习"传染病及其预防"一节时，"资料分析"栏目中有如下内容。

流行性感冒（简称流感）是一种由流感病毒引起的、具有高度传染性的急性传染病。流感患者的鼻涕、唾液和痰液中有大量的流感病毒。当流感患者讲话、咳嗽、打喷嚏时，会从鼻咽部喷出大量含有流感病毒的飞沫，飞沫悬浮于空气中，周围的人吸入了这种带有病毒的空气以后，就有可能患流感。接触过流感患者，或者使用被流感患者用过的食具、被服等的人，都有可能传染上流感。与青壮年相比，老人、小孩更容易患流感。

流行性感冒是日常生活中经常可以听到的，对这部分的材料进行分析思考的时候，我们可以联系自己的生活习惯、生活经历对这部分的内容加深理解，除了对自己曾经不注意的事项日后进行改正外，还可以提醒家人及朋友注意，并准备第二天的讨论。

　　另外，在进行预习时，对基本的实验原理、实验操作、实验设计等应有一个比较清晰的思路，这样上课时才能胸有成竹并应学会运用所学的知识解释、解决现实问题，这样才能获得较好的预习效果。要弄清实验步骤中的每一步，了解不按这个步骤做会出现什么现象，特别是实验中加热的时间长短、化学药品的用量、化学药品加入的时间等。有偏差时实验结果会怎样？换成其他药品会出现什么变化？时间长短会出现哪些变化？

　　如果是可以直接动手做的实验，不妨自己先动手试试，看看哪些环节可以改进，经过这样的预习实验，我们在实验课上可以做得更好，最大限度地节省时间。

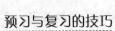

 智慧锦囊

　　好问的人，只做了五分钟的愚人；耻于发问的人，终身
为愚人。

——佚名

第七节　历史预习"四要点"

　　历史是人类社会发生、发展的过程，是客观存在的事实。我们如何从过往的历史事件中吸取经验教训？如何利用古人的智慧应对今天的生活？答案是学习研究历史。要想学好历史，课前预习必不可少。对于历史的预习，可以从以下四个要点入手：

　　一、预习时不可忽视章节的引言

　　例如，预习"华夏之祖"一课，其引言是这样的：

　　在古都西安和革命圣地延安之间，有个黄陵县。那里有一座华夏族始祖黄帝的陵墓。每年清明时节，各地的民众和海外赤子纷纷前往祭奠敬拜，表达对黄帝的敬仰之情。1937年抗日战争前夕，毛泽东和朱德还派人前往扫墓，写了《祭黄帝文》，文中提到这位中华民族祖先"聪明睿智，光被遐荒，建此伟业，雄立东方"。黄帝为什么受到后人的尊敬？他对中华民族有什么杰出贡献？学过课本，你将会了解到这些内容。

　　这段简短的引言，主要介绍了这一节的基本内容、基本观点和历史脉络。预习时阅读引言，可以对这一节的内容有一个整体印象。当阅读完课文的全部内容后，再回首仔细揣摩该段引言，我们就能站在宏观的角度去理解课文。这样，我们的历史书面语言的概括能力和提炼能力也一定会有提高。

二、预习时应认真阅读课文内容

课文的主题内容当然是不能忽视的，通过对正文的仔细阅读，我们可以进一步了解文章的脉络、历史的发展进程、本课的内容对人类历史有什么影响等，从而做到心领神会，真正了解历史。

另外，现行课本增添了文献资料的数量和分量，采取了在一段史实的旁边设置一则史料，或在一些重要历史问题的叙述中穿插一段史料的方式。这无疑为培养我们的材料阅读能力和材料处理的应变能力提供了素材，为我们的深入学习奠定了良好的基础。因而我们在预习历史的过程中不能对"小字"熟视无睹、轻易放过，不要冷落或遗忘了它们，把课本的正文部分和文献资料有机地结合起来，把文献资料融入正文之中。

三、预习时要利用好材料图表

现在的历史课本，图表的数量大增，有原始照片图、表格、后人画图、地图、示意图等。一般来说，这些图表简洁明快，但功能各异，我们在预习时应学会看图学史、看图说话、看图复述正文部

分相关的史实，真正做到图文结合。另外，通过复述的训练，可以很好地培养我们的口语组织能力和语言表达能力。

四、预习应重视课后的练习题

很多同学认为，课后的练习题太简单了，做不做都是一样的，如此错误的想法应及时改正。俗话说："万丈高楼平地起。"一些练习题虽是较低层次的训练，但其作用不可小视。低层次能力的积累是高层次能力的基础。这些练习题有的再现了本章节要求掌握的基础知识，有的是针对课本重点内容进行设置的。通过练习，有助于把握知识重点，并可以培养我们的记忆能力和分析问题的能力。

现行历史课本容量大、知识面宽，对学生的论证分析能力、概括总结能力和比较评价能力等都提出了更高的要求。这就更加需要学生做好课前预习，在初步掌握辩证唯物主义和历史唯物主义基本观点的基础上，能够初步运用这些观点分析历史现象和历史事物的本质，认识社会发展的规律。

第八节　地理预习应做到图文结合

我们的生活离不开地理。日常生活中，许多事情都和地理有着密切的关系：降雨是如何形成的？气候变化都受什么因素的影响？为什么有的地方是山脉，有的地方却是峡谷？为什么赤道附近的国家特别热？地震是如何形成的？全球为什么会变暖？是什么原因加剧了沙漠化？

要弄清楚这一连串的疑问，就要求我们学好地理。要想学好地理，前提条件是做好预习。那么，我们如何才能做到高效预习呢？

地理预习除了进行必要的阅读全文外，重点应做到图文结合。

因而，在地理课中，地图是学好地理不可缺少的工具。

我们应该提高运用地图的能力，充分利用地图，知道所学地理事物的空间位置和空间联系，做到图文结合、图文转化，做到心中有图，发挥自己的想象力，使地理事物形象化。

可以毫不夸张地说，地图是地理学的第二语言。中学地理地图知识除反映在教学挂图、地图册、地理填图册外，课本中还有数百幅插图。

这里我们着重从课本的插图着手进行讲解。进行地理预习时，课本中的图表应细心研读，因为这些图表将传统的以文论理变成了以图释文，把枯燥无味的地理概念、地理原理、地理事物、地理现象加以具体化、形象化、简单化，能引起我们视觉的强烈刺激，可加强我们反应机制的功能，使我们对一事一物有具体、形象的认识。

对于课本中的图片，应努力结合文字表述进行理解记忆，并努力做到会识图、会用图。关于识图、用图有以下五种能力的指标和三种训练方法。

五种能力的指标：一是运用地图理解分析和掌握地理概念的能力；二是运用地图了解地理事物的分布演变并掌握其规律的能力；三是运用地图分析各地理要素之间的联系，对比阐明地理特征或地理成因的能力；四是在分析地图的基础上，对某一地理事物进行评价的能力；五是绘制地理示意图、百分比图、模式图等的能力。

要想具备以上五种能力，我们可以通过如下的三种训练方法进行掌握：

一、读图分析

在进行地理预习时，我们应对地理课本中的插图，以及其论述的不同问题（论述地理概念，论述地理原理，论述地理规律等方面的问题）分别提出问题，结合文字内容步步深入，直到弄清概念、原理和规律为止。

二、识图评价

地理课本中的插图，如示意图、景观图、原理图、资源分布图、工业布局图等，不仅包含着它本身特有的规律，而且有其特有的价值，这就要求我们认真研究每张图的主题和内涵，然后进行综合评价。比如中国气候类型分布图，通过对图片的仔细观察，我们很容易了解中国的各个省份受哪种气候的影响。

三、绘图理解

我们在预习的过程中，可以针对有关的内容绘制图表。通过动手动脑的练习，有助于我们理解概念、原理、规律，更加容易习得课本上的内容，并且可以加深印象。比如，对中国、美国、加拿大、法国、英国、俄罗斯、印度、巴西8个国家人口数量和国土面积的比较，我们就可以画成柱形图，这样就可以一目了然地识别人口数量与国土面积的差异，容易识记。另外，绘图的过程实质是理解的过程。

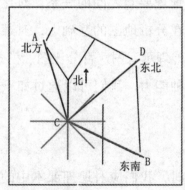

要想真正做到高效预习地理，我们应千方百计地提高自己运用地图的能力，牢固掌握所学过的地理基础知识，从而轻松面对每一节地理课。

第九节　政治预习注重理解

王梅很喜欢上政治课，而且课前的预习也没省略过，但是她总觉得课堂的知识自己有些领会不了，特别苦恼。在家长的鼓励下，她硬着头皮请教了班上几位政治学得好的同学，请他们"赐教"预习的妙招，有的说要多背，有的说要多看新闻，有的说要多做练习……根据几位同学的提议，王梅试了试，她发现自己课前预习时很难快速记忆，新闻倒是使自己的知识扩充了点，然而做课后题时她总是脱离不了书本。

王梅的问题你是不是也遇到过呢？王梅学习不是不努力，而是她预习时的方法不对。政治课是要多花时间记忆的，但是课本的内容应在理解的基础上才能记得牢、记得快，做题时才能灵活运用，真正达到预习的效果。

只有处理好"理解"与"记忆"的关系，才能真正做到预习。对于一些基本概念、基本原理和重要的政策，我们在预习的时候都必须背诵，只有这样，才能有所准备地听讲，对老师的提问，才能做出准确的、科学的、完整的回答。

值得注意的是，记忆要以理解为前提，在理解的基础上去记忆。如果只是单纯地记忆而不理解，知识点稍微灵活变动一下，你可能就会束手无策，更谈不上应用知识来分析实际问题了。

那么，究竟如何预习才能达到令人满意的效果呢？理论联系实际。

政治涉及社会多个方面的内容，课本中收集了许多具体典型的材料，由材料到观点，两者相统一，具有很强的可读性、常识性、针对性、实践性，这些内容较好地回答了社会的现象和人们在生活中提出的问题。其实，细想的话，这些问题都影响着社会的发展，因此我们在阅读书本内容的同时应巧妙地联系实际。

比如，预习"国家的宏观调控"一节的内容，针对"市场也存在着固有的弱点和缺陷"，其内容是这样的：

首先，市场调节具有自发性。在市场经济中，商品生产和经营者在价值规律的自发调节下追求自身的利益。这样，市场上就有可能产生一些不正当的经济行为。比如，生产和销售伪劣产品；欺行霸市，扰乱市场秩序；一切向钱看，不讲职业道德等等。而且价值规律的自发调节容易引起社会各阶层收入差距的扩大，甚至造成两极分化，由此而引起的社会矛盾将不利于经济和社会的健康发展。

其次，市场调节具有盲目性。在市场经济条件下，经济活动的参加者都是分散地在各自的领域从事经营，单个的商品生产者和经营者不可能掌握社会各方面的信息，也无法控制经济变化的趋势，因此，他们做出的经营决策会带有一定的盲目性。这种盲目性又会造成经济波动和资源浪费。

再次，市场调节还具有滞后性。在市场经济中，市场调节是一种事后调节，即经济活动参加者是在某种商品供求不平衡导致价格上涨或下跌之后，才做出扩大或减少这种商品供应的决定的。这样，"供求不平衡→价格变化→做出决定→实现供求平衡"，必然需要一个长短不同的过程，有一定的时间差。市场调节的滞后性也会导致经济波动和资源浪费，特别是在农业、林业及大型项目的建设上，

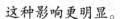

这种影响更明显。

对第一点"市场调节具有自发性"，可以联系实际的社会问题，比如对"三鹿奶粉事件"进行思考，分析市场上的不正当行为。

对第二点"市场调节具有盲目性"，可以结合最普遍的农民盲目扩大某种农作物的例子。比如，由于上一年的芹菜种植面积少，市场上的芹菜供不应求，芹菜的价格大涨，菜农大赚了一把，致使第二年的芹菜种植面积大增，由于市场的需求量不变，芹菜供过于求，导致芹菜价格大幅下降，许多菜农因为盲目跟风都赔了本。

对第三点"市场调节具有滞后性"，可以结合第二点中的例子进行延伸，菜农因为盲目跟风赔钱，导致下一年的芹菜种植面积大范围缩小，甚至过量的缩小，还会使得上市时供不应求的局面再次上演。

如果学生在预习的时候，能够做到联系实际思考，既能对相关原理加深理解，又能很好地记忆相关内容，从而高效地听讲，进而达到知识、能力、觉悟的同步提高。

第四章　最大限度地提升预习效果

课前预习是上课听讲的前提，预习的效果直接会对课堂的听讲效率、知识的学习掌握等方面产生影响。要想轻松听讲、轻松复习，取得优异的成绩，就要求我们最大限度地提升预习效果。我们可以从正确的预习方法应注意的事项等方面入手，改正自己预习时的不良习惯，走出误区。

第一节　根据"学情"，选择重点预习科目

李辉是一名初中生，他平时有预习的习惯。然而由于科目繁多，自己还报了绘画班和舞蹈班，每门课预习下来，他的课余时间被挤得一点儿不剩，甚至有时晚上忙到很晚，还影响第二天的学习。

经过一番深思熟虑后，李辉改变了策略，对于自己学得比较好

的课程，他尽量压缩时间，对于成绩不太理想的英语，他决定重点进行预习。一学期下来，证实了他的决策是正确的。由于进行了花心思的英语预习，他之前都能更好地了解课文的内容和语法知识，并有时间做部分习题，所以听课的时候就能够跟上老师的讲课思路，自己课后也不需要花费很多时间复习。

众所周知，随着年级的升高，学习的科目也会越来越多。是不是每门课、每节课前都要预习呢？如果各门课程同时进行预习，肯定会出现时间不够、预习质量难以保证的问题。因此，预习前必须解决好选择预习科目的问题。至于哪些科目要进行重点预习和采用什么方法预习，都要根据自己的"学情"而定。

超级链接

有的学科可以不预习。如果你这门科目学得很好，是自己的强项，在一段时间内可以不用预习；如果所学的知识系统性很强，与过去学过的知识联系较少，那么，就应该把下节课的内容预习好，这样也就为下一节课做好了准备。

通俗地讲，"学情"就是教学的进度、老师的讲课水平，以及自己的知识水平和学习智力。

一般来说，各科任课老师一般都会要求学生进行课前预习，但侧重点各不相同。比如，数学、物理、化学等理工类科目，老师要求对每节新课前都要进行预习；像语文，老师要求对一篇文章进行预习；而政治、地理、历史等科目，老师可能会要求对课文中的某一部分进行预习就可以。所以，我们必须依据老师的要求，具体安排好每天不同学科的预习范围，并确定相应的预习方法，尽量高效

地利用预习的时间。

如果老师经常在课堂上对某些问题讲得不够透彻，那么，你就必须通过预习来弥补，在课前对课程内容有个细致的了解；如果讲得很好，是否需要预习就另当别论了。

如果自己的学习基础和智力一般，或者存在严重的偏科问题，那么，你就要多花些时间来预习，并且预习要精一些。为了避免浪费时间，应该计划好每天要预习哪些课程，最好是自己成绩不太理想的科目。比如，在前一段时间，数学成绩不理想，就多花一些时间来预习数学。根据实际需要确定主攻目标，预习时心里踏实，效率自然会提高。

对于学得相对容易、轻松或成绩较好的学科，可以选择课程中的重点部分进行粗略预习，但也要保证预习效果。

寄语家长▶▶▶

家长需要与孩子共同分析学习现状，根据"学情"找出预习效果不佳的真正原因。最后，确定预习的科目、计划和方法，帮助孩子进行高效的预习。

第二节　合理安排预习时间

课前预习不等于提前学习，它的直接目的是为了给高效率的听课做好铺垫。我们必须合理安排预习时间，毕竟，我们一天的时间和精力都是有限的。

那么，如何才能合理安排预习时间呢？

一、最好在前一天晚上预习第二天要讲的课

有的同学经常是随着心情，想预习哪门课就预习哪门课，从来不做计划。一般来说，根据人体自身的记忆规律，在前一天晚上预习第二天要讲的课，这样对新课的内容印象较深，第二天上课时还记忆犹新，可以起到预习的作用。如果提前好几天就把要上的课预习了，经过几天的"搁浅"，很可能到上课时，自己预习的内容已经有点模糊，甚至遗忘了，这样既没有起到预习的作用，还浪费了时间和精力。

二、根据新课的难易程度适时增减时间

预习时，如果新课的难度较大，预习时间应多留一点，争取自己通过预习有所收获。对于难度较大的课程，如果只是匆匆看一遍，没有进行深入理解，是很难有所收获的。对于难度较大的课程，也可以在周末的时候先看一遍，脑子里有个大致的印象，在下周老师讲解之前，再进行认真的预习，有的问题也许就迎刃而解了。

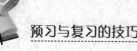

有人曾经做过这样一个实验：把即将学习管理学的学生分成两组，第一组从第一天就开始正式学习管理学，第二组则自己先预习，先对"管理学是什么样的学问"做概括性的理解，然后才进入正题。结果，第二组同学的最后成绩却比第一组好。如果学生之前对问题进行了思考，之后的学习就相对容易些，即使看第一遍时还不完全了解，却有助于加速以后具体预习的效果。

如果新课的难度较小，则可以少用点时间。难度较小的课程，完全可以快速浏览，要是你还一个字一个字地进行阅读，花时间琢磨推敲，无疑是浪费时间。

三、预习时不要苛求解决全部问题

我们不必耗费大量的时间和精力彻底弄清一切。碰到一个难题，问遍了身边的人，翻阅了大量的资料和文献，上网查找了半天（众说纷纭，不知采取哪个解释），问题还是没有解决，然而自己还有一大堆的作业要做，好几门课没有预习，今天的琴还没练……为了一个问题，自己这样忙活了一大圈，浪费了时间不说，还会耽误许多事情。

所有问题要想在预习中全部解决，是不现实的，也是不可取的。这样的经历你曾经有过吗？钻研的精神固然是不可少的，但应根据实际情况适时地选择放弃。预习时，留点问题在课堂上听老师讲，这是正常的。

进行合理的规划和安排后，再进行预习，预习才会奏效。预习时间的安排，要服从于自己的整个学习计划。如果我们每门课程都要进行详细周密的预习工作，时间上就不允许了。因此，要根据自己每天的空余时间来决定预习的科目。对学习上有困难的学科要优先考虑，花比较多的时间做好预习工作，对自己能很好掌握的课程预习时就可以轻轻带过。

另外，同样的课程，对基础较薄弱的学生来说，平时预习要注意补缺，巩固旧知识；对基础扎实，有研究能力的学生，预习工作就可以变成深入的自学性学习。

超级链接

预习时应注意的问题：预习时不要全面铺开。一方面是因为时间不够，另一方面预习的质量也无法保证。最好选择一两门学科进行试点，这一两门学科最好是自己学起来最吃力的。预习的时间，要根据学习计划可以提供多少实际时间来安排，不必"面面俱到"。

第三节 参考书应合理运用

李曼的各科成绩都很优秀，她曾这样讲述自己的学习经验："当时我在读杨伯峻先生的《论语译注》时，有些问题不太明白，便顺手翻阅了钱穆先生的《论语新解》。经过对两本书的比较，我觉得在某些问题上，钱穆先生讲得比杨伯峻先生明白。后来，我有机会读了明代学者李贽的《四书评》，才知道钱穆先生的一些观点，似乎又是从李贽那儿来的。"

我们在进行课前预习时，由于自己的知识有限，单凭自己的冥思苦想可能无法解决某些问题，这就需要一个帮手——参考书，帮助我们理解书本的内容、主题思想、作品的创作背景、原理定律等方面的知识。

但是，目前市面上参考书种类繁多、水平参差不齐。可以毫不

夸张地说，参考书的作用跟药物的作用有相似的地方。好的药会让你药到病除，差的药会让你病情加重。一本好的参考书，可以让你"书"到"疑"除；而一本差的参考书，白白浪费时间和金钱暂且不提，有时不但不能消"疑"，还会让你的思想"越走越远"。

强调课前预习要用好参考书，目的是为了从多角度、多方面学习和认识课本上的内容，以便开阔视野，增长知识。那么，如何选好适合课前预习时用的参考书呢？选好后，又如何使用它们呢？

一、甄选参考书

考虑到参考书的实用性，我们可以在老师的建议下，或是通过上网、报刊等途径进行了解，并且要有选择、有重点地买，不要什么参考书都买。

每门课程有一本主要参考书就可以了，其他的可以作为一般性参考。最好选择和课本同步的，有利于加深理解课堂上老师所讲的内容，还能开阔你视野的参考书。另外，最好选择正规出版社出的参考书，千万不可图一时的便宜，买回"次品"。

二、在自己对内容思考过的基础上参阅参考书

进行课前预习时，要先看课本，再看参考书。看过课本，自己对某些问题先进行必要的思考，再参照参考书，查漏补缺，切不可预习时一切问题的答案都靠参考书解决，自己不动脑，长此下去，会使自己的思考能力大大受限。

由于课前预习时间有限，参考书不必从头到尾一字不落地去看，要有选择地看。我们要挑选老师布置的、与新课内容相关的部分看。我们还要把甲、乙两书有机地联系起来看，看到对同一知识点从不同角度进行阐述的，就仔细地阅读，加以比较，学会从不同角度、用多种方法解决同一问题。这样，才能更有利于加深对课文知识的理解。

三、将课本与参考书有机结合

初读参考书的同学容易犯一个错误，就是把参考书与课本分割开来。有些同学看到参考书某些地方讲得比课本清晰、有条理，就鄙视课本了，产生"喜新厌旧"的心理。其实，参考书再好，也只是参考，课前预习还应以课本为主。

如果在参考书上看到精彩的分析和解释，我们可以把它摘抄在笔记本里，或是写在一张小卡片上，夹在课本的相应处。这样一来，就可以把课本与参考书有机地联系在一起了。

四、有的参考书适合在复习的时候用

课前预习时要充分用好参考书，但不能完全依赖参考书。有些人文知识方面的学习，参考、翻阅更多的课外书籍，我们可能会收到意想不到的效果。

还有些同学喜欢用老师教学用的参考书，教师参考书中有课后

题目的解答，同学们在课前使用后，对于课后问题就不会再做深入的考虑，看似课上可以非常容易地解答课本中所有的问题，其实这只是假象，因为不经过自己思考的知识是不牢靠的。这类参考书，不要在课前预习时使用，否则会影响听课效果。如果非用不可，这类参考书可以在复习的时候使用。

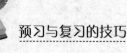

超级链接

在每次进行课前预习时，要先阅读好课本，对新课内容有了初步了解后，再看参考书对相关知识进行的解释和补充。不要丢掉课本这个"根本"，否则，你的预习只会起到事倍功半的效果。

第四节　切忌无目的地预习

农民在耕地前要进行有目的地"备耕"，工人在生产前要进行有目的地"备料"，战士在打仗前要进行有目的地"备战"……同样，这样的道理也适合于学生在上课之前的预习——有目的地预习。

有的同学在进行课前预习时，随随便便、毫无目的，认为自己看一遍书就是预习了。有的同学甚至对老师有很强的依赖性，如果老师不布置预习，他们可能就不预习，纯粹是为应付老师布置的任务去预习，结果收效甚微。要使预习卓有成效，必须有明确的预习目的。

概括地说，课前预习总的目标是预先感知课本，对课本进行初步的处理和加工，为学习新课扫清障碍。而具体的目标，则要根据不同科目、不同内容来确定。

一、预习有了目的，才知道预习什么

对于书本的内容，只是盲目地看一遍是起不到任何作用的。我们应尽力做到巩固复习旧概念，准确理解新概念。针对语文，我们预习时要思考这篇文章讲了什么问题、采用了什么叙事手法、作品的主题思想是什么等；针对数学，我们预习时要思考书中的公式是如何推导出来的、它和以前的哪部分知识有联系、例题的解题方法我是否已经掌握了、是否有别的方法更好地理解本章（节）的内容等。在预习的过程中达到自己的某些学习目的、明确自己应掌握什么知识，才能达到预习的效果。

智慧锦囊

最好在行动之前先思考，不要行动后才考虑。

——古希腊哲学家　德谟克利特

二、预习有了目的，才知道如何预习

考虑各科目的特点，有计划、有针对性地进行预习。针对英语，

我们预习的时候除了熟读课文，还应该记单词、揣摩语法、练听力等方面同时进行；针对物理，我们预习时除了弄懂原理，实验的步骤和结果外，还应联系实际，能解释实际生活中的相关现象、问题。在预习的过程中，针对不同的科目及自身的学习情况采取适合的预习方法，才能不徒劳。

三、预习有了目的，才能找出疑难问题

课前预习时，找出新课中的重点、难点和自己不甚理解的地方，并将它们标出来，以便能在课上注意听讲，这样才有利于达到学得快、理解透彻的目的。同时，明白了自己已掌握的知识和疑难问题，上课时才更有针对性，有选择地记笔记。

那么，如何才能明确预习的目的、要求呢？主要应抓住两点：一是要了解课文的预习提示和老师布置的预习提纲；二是要了解课本的提示、注解、例题和练习。因为这两者都是依据教学大纲制订的，以此为预习纲要，也就抓住了预习的关键。

我们的课前预习有了目的，才能提升预习的效果，真正有所收获。

超级链接

不妨给自己定一些时间限制。因为连续长时间的学习很容易使自己产生厌烦的情绪，这时你可以把预习的任务分成若干个部分，给每一部分限定时间，例如：1 小时内完成这份练习，7 点以前做完那份测试等等，这样不仅有助于提高效率，还不会产生疲劳感。如果可能的话，逐步缩短所用的时间，不久你就会发现，以前 1 个小时都完不成的作业，现在 40 分钟就完成了。

第五节　预习应持之以恒

李东一直没有课前预习的习惯，他听说许多同学都在进行课前预习，于是自己也加入到课前预习的队伍中来。然而，李东随自己的心情而定，今天想预习了，拿出课本预习一下；明天想玩，书本摸都不摸一下。几个星期下来，李东抱怨道："课前预习没什么效果，结果还是看不懂，得上课听老师讲。学习成绩也没什么大幅度的提升。"

之所以会出现这样的问题，关键在于李东没有坚持长期预习，这样，预习的效果很难体现出来，因而才会对预习的认识有偏差。

"冰冻三尺，非一日之寒。"作为一种好的学习习惯，课前预习应长久保持、持之以恒。众所周知，课前预习的效果是明显的。但这并不意味着一旦你持续两个月保持这种习惯后，你的学习成绩就会有大幅度的提高。

智慧锦囊

学习这件事不在于有没有人教诲你，最重要的是在于你自己有没有觉悟和恒心。

——法国昆虫学家　法布尔

只有在做好课前预习的同时，也处理好其他学习环节，才能取得满意的结果。有些同学意识不到这一点，他们往往在经过一段时间的预习后，发现学习成绩并没有明显的提高，就想放弃预习这种习惯，这种想法显然是错误的。

课前预习不能浅尝辄止，它是一项常规性的学习活动，贵在坚

预习与复习的技巧

持不懈，持之以恒。预习是学习过程中的第一步，是学生自己摸索，自己动脑，自己理解的过程，也是学生自学的过程。根据学生贪玩的性格特点，在学生养成预习习惯的过程中，家长的检查、督促和评价的导向作用不可忽视。

要培养学生课前预习的习惯，首先要注意预习方法的引导。学生通过几年的学习，虽然已经初步懂得了一点儿学习方法，但是他们所懂得的学习方法却是零散的，水平参差不齐。如果让他们自己寻找学习方法，靠自己的力量去提高综合能力，会使他们茫然不知所措，甚至会产生厌学的情绪。为此，预习习惯养成的前提是要教给学生预习的方法，好的学习方法可以请教老师和家长，以此获得捷径。

预习不可能在短时间内就取得效果，因为预习只是学习的环节之一，只有在预习的同时，也兼顾好其他环节，学习才会有令人满意的结果。

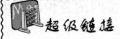

超级链接

　　学习效率是决定学习成绩的重要因素。很多的科学研究都证明，人的潜力是很大的，但大多数人并没有有效地开发这种潜力，其中，人的自信力是很重要的一个方面。无论何时何地，你做任何事情，有了这种自信力，你就有了一种必胜的信念，而且能使你很快走出失败的阴影。相反，一个人如果失掉了自信，他就会一事无成，而且很容易陷入永远的自卑之中。

　　坚持不懈的预习对孩子来说是件"吃苦"的事，由于孩子的认识偏差、家长的配合不力、社会环境的影响，学生的课前预习自然较难做到自觉，更难做到坚持。为此，可以适当安排检查反馈的环节。检查的形式有家长提问、老师检查、同桌互检等方式。检查中，如果发现学生没有完成预习，要督促其及时补上，以此来促成学生自觉预习习惯的形成。

　　同时，评价的导向作用也不可忽视。在学生预习习惯形成的过程中，评价起着促进其进步，催化其内在发展的作用。家长的一句表扬、老师的一点微笑都能使孩子受到鼓励，增加孩子学习的信心和动力。

　　一般来说，孩子的预习绝大部分都是在家里进行的，这就要求家长要善于抓住他们的闪光点，为他们创造成功的机会，这会更利于激发孩子的学习兴趣。一个起初不习惯预习的人，刚开始预习时，预习的质量肯定不会太好。不过随着时间的推移和对预习方法的掌握，他的预习质量会不断地提高。

　　课前预习将学生推进一个全新的求知领域，通过预习有所感、有所悟、有所得，更有所问。学生必会满怀信心地、积极地参与到

课堂中来。通过预习真正感受到成功的快乐、发问的喜悦，学生就会乐于自学，自然也收到事半功倍的效果。

寄语家长▶▶▶

　　许多家长都没有对孩子课前预习的习惯加以重视，当然也就忽略了培养孩子的预习习惯。甚至许多父母认为，每天督促孩子完成作业都是一件十分头痛的事情，更别谈预习了。其实预习是孩子学习的前提，良好的预习直接为孩子的课堂听讲、课后复习，以及课后做作业奠定了基础，只有孩子预习到位了，上课听懂了，他们才能乐于做作业。

第六节　摒弃形式主义的预习

　　一次家长会，高强的母亲在和别的家长闲聊时发现好几个孩子都有预习的习惯，而自己的孩子在家除了做作业外，再也没有别的时间花在学习上。于是到家后，就和高强说了其他同学课前预习的事。高强没办法，只能按着母亲的命令，开始着手进行课前预习。

　　高强每天做完作业后，就拿出第二天要用的书翻看一下，不是边看书边吃东西，就是边看书边摆弄桌上的摆设。总之，高强当晚预习了，第二天听课还是得每个字都听老师讲，记课堂笔记时依旧很忙。当然，学习成绩也没什么长进。

　　估计像高强这样进行预习的同学为数不少，这些同学的预习之所以达不到预期的目的，主要是因为他们在预习时只是马马虎虎翻了翻书，走了形式而已。在预习时不用心，是达不到预习的效果的，反而会浪费原本就相对稀少的时间。所以，保证预习的质量是预习的重要目的。而且，课前预习的质量是不断提高的过程。

这就要求家长在孩子刚开始进行课前预习的时候，教给孩子一些预习的方法。在学习新课之前，首先让孩子把新课提前读一读；其次让孩子学会对新的知识提问题，要有"疑问"；对于高年级的孩子，可以让他们学习分析所学知识的重点是什么，做到心里有数。

预习要有好的态度。有些同学进行课前预习时只是用眼睛来看，既不动脑，也不动笔。这不仅达不到预习的效果，反而浪费了许多宝贵的时间。

寄语家长 ▶▶▶

适时对孩子的预习状况进行检测，可以帮助孩子学习和记忆课本上的新知识，而且能避免他（或她）偷懒或是心不在焉地翻书，以应付你们的眼睛。

预习不是把老师明天要讲的内容草草看一遍就算了事，进行课前预习应该做一个预习笔记，提示自己。一般来说，预习时应弄清楚以下问题：

● 这篇课文讲述了什么问题？

● 本文的重点词汇、重点语句是什么？

● 本文的原理我弄明白了吗？

● 书中的公式我记住了吗?

● 文中的几个字和以前学过的几个字很像,我能区别开吗?

● 文中所描述的现象和生活中的什么现象很像?

● 明天上课我要重点听什么内容?

● 文中的实验原理我明白了吗,有没有必要再看一遍?

● 课后的习题我会做吗?

● 英语对话的主题我领会了吗?

把课文认真地看一遍、发现问题、考虑课文的重点、做好预习笔记……凡是这样做的学生,上课的时候注意力一定集中,因为他们是带着问题来的,他们的收获一定比别人大。

超级链接

不要在进行课前预习的同时做其他事情或想其他事情。"一心不能二用"的道理谁都明白,可是有许多同学还是习惯于边学习边看电视。这样会特别影响学习的效果,因为看电视会影响思考,也许很简单的题自己都无法攻破。

第七节　预习避免走极端

胡帆也准备着手进行课前预习,她在听说了高强形式主义的预习方法后,决定不效仿他的错误方法,而是自己认认真真地、挨个儿字地进行预习。虽然花的时间很多,但是用胡帆的话来说,"总比瞎糊弄强,这样的预习才有效果"。

为了达到理想的预习效果,胡帆每天回来就做作业,做完作业就进行预习,每天都忙到很晚。她甚至为了自己能很好地预习,说服父母让她暂停了绘画班的课程。可是时间似乎还是不够用，有的问题弄不明白，胡帆不是辛辛苦苦翻阅家里书架上的书，就是在网上搜索很久，这样一个问题下来，她都有点筋疲力尽。为了能预习完所有的新课，胡帆每天都坚持到很晚才睡，久而久之，她的精神状态很差，第二天上课总是没精神，有时听着听着课就走神了。

胡帆为了达到理想的预习效果，而选择了太细的预习方法。毫不夸张地说，她的课前预习是在走极端，效果当然不理想。

课前预习走极端的后果有以下几点：

1. 过细的课前预习极大地浪费了课后的时间。

课后时间本来就是极为紧张的，长期这样做只能是恶性循环。为了能"很好地"预习，许多事情只能是选择放弃。

2. 过细的课前预习会影响课堂听讲。

课堂上，老师往往都是穿插着讲解课本的知识和补充的知识，自己以为很好地预习了，在走神的时候，或许补充的知识也随着流过。

3. 过细的课前预习影响课堂记笔记。

对于课本上的难点和重点，是应该记笔记的，这样便于课后做作业和日后的复习，然而自己经过细致的预习后，一切的知识都认为是简单的知识，究竟理解得到不到位也不得而知，更别提认真记笔记了。

课前预习不能走极端，不能过粗，过粗会流于形式，收效甚微；也不能太细，过细虽有收效，但实际是做了上课应做的工作，时间利用不经济，效果并不好。适度的预习应该是大致了解新课的内容和思路，复习有关知识，扫清听课障碍，找出疑难问题。总之，预

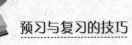

习是为提高听课效率，而不能影响到听课的效果。

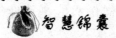

学起于思，思起于疑。

———孔子

第八节　根据老师的讲课特点进行预习

学生课前预习的重要性不言而喻，但是老师的讲课特点也不可忽视。

一般来说，不同的老师有不同的讲课风格：有的老师习惯在上课时基本依据课本的内容，将整个课本作一个全面的讲解，对于知识的补充很少或是基本不会有；有的老师则对一般性的、简单的内容一带而过，课上偏重于对课本的重点和难点进行讲解，同时还会补充一些课外的内容以增加学生对课本理解的深度。

有的学生发现自己的预习似乎不得法，自己已经预习到位的知识，老师还是很详细地进行了讲解；有的同学发现，自己本来对简单的知识就没有进行认真的预习，老师上课时竟然几句话就过去了，自己似乎还没思考透，老师已经开始了新知识的讲解。

针对不同的老师，我们在进行课前预习时也应调整自己的预习侧重点，以此更好地加深对课堂内容的理解。

对于第一种类型的老师，学生在预习时应该重点把握课本的重点和难点。

这样的老师既然在上课时会对书上的所有知识进行全面地讲解，对简单的内容，我们预习的时候就可以快速浏览，不必再多花工夫。因为第二天老师还会对其进行详细地讲解，自己课前花的时间过多无疑是一种浪费。此时，应该将重点、难点作为自己预习时的关键部分，对于不理解的知识应查阅工具书、上网或是请教他人，尽量解决疑难，实在不能弄懂的做出标记，以便第二天的课上能重点听讲，在老师思路的带领下，也许疑点就迎刃而解了。

对于第二种类型的老师，学生在预习时则需要扫清新课中的简单问题，发现、提出疑难问题。

这样老师在讲课时对简单的内容一带而过，你就不会措手不及。这就要求学生在课前预习时对简单的知识细心琢磨，悉心领会，在听老师讲课之前就将其收入囊中，听讲时只是对其进行复习而已，是在加深自己的理解。之前的预习除了将简单的内容、普通的障碍"拿下"外，另外再多花一点儿时间研究一下重点、难点，此时不需要花费太多的心思，经过思考后实在理解不了的，就将其记录下来，等待第二天课上听老师讲解。由于对基本的知识进行了很好的理解，加之对疑点进行了思考，在听老师进行补充知识的讲解时，就会更好地理解，以此获得高效的听讲效果。

总而言之，课前预习的目的是为了提高听讲的效率，针对老师的讲课风格进行适时的改变，无疑是最明智的。你还在受偏离授课重点的煎熬吗？如果是，从今天开始就改变策略，做个会预习、会学习的聪明学生。

超级链接

对于新老师来说，他（她）的讲课风格自然是一时难以把握的，你可以进行几次全面的预习，在掌握了其讲课的风格后再及时做调整，这样做既能保证自己的预习效果，又不至于上课时变成被动听讲。

下篇　课后复习

　　课后复习就是对已经学过的知识进行再现和回顾，进行系统再加工，并根据学习情况对学习进行适当的调整，为下一阶段的学习做好准备。因此，每上完一节课，每学完一篇课文，都要及时复习。当然，复习并不是简简单单地把课本或笔记再看一遍。课后复习有一定的要求，本部分重点给同学们介绍课后复习的程序和方法。

第五章　巩固知识，加深理解

新知识的获得不是只凭课上听一遍就可以很容易掌握的，根据大脑的遗忘规律，我们在学过之后要进行及时的课后复习，只有这样才能加深印象。对于知识的巩固，我们可以通过课堂笔记的整理、课后背诵、运用复述强化所学内容、课后练习、分析"错误"等方式来完成，以此真正掌握知识，为下一步的学习奠定坚实的基础。

第一节　课后复习不可忽视

我国古代伟大的教育家和思想家孔子说过："学而时习之，不亦说乎。"这句话的意思是说学习了知识，然后按一定的时间复习它，那是一件很愉快的事。

我国清代杰出学者顾炎武可以背诵 14.7 万多字的《十三经》。他的诀窍就是每年要用 3 个月的时间复习背过的书，每天 200 页，温习不完绝不休息。据说他在旅行途中，就是骑在马背上，也会随时随地默默背诵。对于读过的书，如果发现有背不上来的地方，他就赶快停下来，拿出来温习。

相信同学们应该都听过"熊瞎子掰苞米"的故事吧。一只熊瞎子去苞米地里掰苞米，它每掰一棵苞米，便顺手夹在腋下，当掰新的苞米时，就会扔掉已经掰的苞米。这样熊瞎子忙了很长的时间，最后手里只有一棵苞米，以前的都丢掉了。老师和家长们也常用这个故事告诉我们学了知识，要及时、经常、定期做复习。

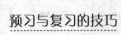

一般来说，我们在课堂上、书本里学到的知识大多是间接知识，不是自己靠实践得来的，因此印象往往不会太深刻。如果没有复习这个环节，就不能巩固所学的知识，书本上的知识就不能真正转化为自己的知识，也就最终达不到学习的目的。因此，我们要重视复习工作，做好复习工作。

> **智慧锦囊**
>
> 没有求知欲的学生，就像没有翅膀的鸟。
>
> ——波斯著名诗人　萨迪

在进行课后复习的时候，首先要做好准备工作，只有这样，才能"有备而战"。复习准备主要包括主题准备、时间准备、材料准备三个方面的工作。

一、主题准备

复习之前一定要明确这次复习的中心内容，复习时要围绕这个中心内容来进行。如果不明确中心内容，拿起课本从头读到尾，这样就不能称之为复习，只能算是一种重复，最多能起到熟悉的作用，细究的话，知识还是分散的，没有形成体系。

二、时间准备

由于复习要看、要想、要查资料，还要写复习笔记，"工作量"比较大，因此复习的内容和复习的时间都必须相对集中。

三、材料准备

当复习的中心内容确定之后，一切与中心内容有关的课本、笔记、作业、试卷以及参考书都应当尽可能准备齐全。确保复习时想到某一个需要查阅的内容，资料伸手可得。

很多同学只重视课堂上认真听讲，课后完成作业，而不重视课后复习，有的同学根本不进行复习，其中最主要的原因不是因为没有时间，而是因为没有认识到复习的重要性。

超级链接

复习工作要持之以恒，逐步养成良好的学习习惯。"三天打鱼，两天晒网"的复习态度是要不得的，这样的复习起不到多少作用，弄不好，这样的复习还会影响学习的积极性。

复习有很多种，根据复习的内容和时间，我们可以把复习分为课后的及时复习和系统复习。及时复习，即每次上课后的复习，这是最重要的复习。课后及时复习的内容主要是当天学的知识，复习的多少和水平多是自主安排。对于平时的每日复习，在开始复习之前，我们都要先制订一个切实可行的复习计划。我们要依据自己平时的学习情况、作息时间、学习场所等因素来制订计划，不能照抄、

照搬其他同学的复习计划，只有列出适合自己的复习计划，才能达到复习的目的。

课后复习可以使知识系统化。知识的系统化是指对知识的掌握达到了一个更高的境界，也就是从整体、全局或联系中去掌握具体的概念和原理，使所学的概念和原理回到知识系统中的应用位置上去。

由于我们的学习状况在不断变化，如果在执行一段时期的复习工作后，发现自己薄弱的学科已经有所长进，许多知识已经得到巩固，我们就应当适时调整复习计划。所以，复习计划的周期不宜太长。

同学们每天都有预习、作业、复习等很多的"功课"要做。对大家来说，这些都是很重要、很紧张的。但是，休息也是一件很重要的事。所以，复习时还应该注意劳逸结合。在复习一定的时间后，要适当放松一下。这样，复习工作才能达到良好的效果。

复习的最重要任务是解决各部分知识之间的联系，要在分析、比较的基础上，进行综合、归纳、抽象、概括，从而完成知识系统化的工作。但是如果平时不抓紧学习，复习时一下子就会陷入到对一个个基本概念的理解中去，名为复习，实为补课了，因而导致复习的进展极慢。由此可见，抓紧平时的学习是搞好复习的基础，复习是平时学习的深入和继续，二者不可分割。

寄语家长 ▶▶▶

你可以要求孩子把复习计划书面化，以便促进实施。你还可以在复习计划的合理性和实施性方面做一些改进，提一些建议，尽可能地使孩子的复习计划最优化，从而为其复习起到良好的指导作用。

第二节　复习应遵循的原则

《论语·为政》中提到："温故而知新，可以为师矣。"意思是说："温习过去所学的知识，能有新收获、新发现，这样就可以当老师了。"

复习的主要作用是对以前知识记忆的加强与巩固。可以这么说，任何学过的知识，没有记住，就等于没学。知识只有学过了，又把它掌握住了，还可以自如地运用，它才有价值。

复习得法，就能够让大脑中的知识更加稳定与巩固；更有甚者，它能够产生新的知识，这就是温故而知新。

许多同学平时不喜欢进行课后复习，总是在考试之前来个总复习。实际上，平时的课后复习更重要。平时对所学的内容复习到了、掌握了，自然可以减轻总复习的压力。如果平时没有学好、复习好，总复习时问题就会很多，而且临近考试，时间紧迫，无论是心理还是生理角度，做这种高强度的总复习，都是不利的。所以要想考试成绩好，就要在平时下功夫，进行合理的课后复习。

在经常出错的地方，可以找到自己学习上的弱点，发现自己应该加强的地方，把握某些规律，可以作为以后重点复习的对象。

超级链接

通过反复的复习，一方面强化知识，强化记忆；一方面寻找差错，弥补遗漏，求得更全面更深入地把握知识、提高学习的能力。千万不要觉得平时的课后复习可有可无，每天用一点时间记熟当天所学的知识，这样既有利于接下来学习的开展，又可以为考前复习减轻压力，可谓是"有百利而无一害"。

一般来说，课后复习应该遵循下列原则：

一、及时性

我们在学习的过程中，应及时地复习相关的内容，避免遗忘后重新学习。及时性主要是指巩固课堂学习的有关内容，以便加深记忆。

二、合理性

应科学地安排课后复习的时间和密度。在刚开始的时候，可以复习频率高些，强度大些。等到记忆比较牢固的时候，时间的花费就可以渐渐减少，当然这是在保证复习质量的前提上。

三、经常性

课后复习不能时无时有，应经常复习学过的内容，以便记忆更加牢固。因为许多知识随着时间的推移，会渐渐地淡忘，经常性地重温它们，就可以让它们长久地存留于脑海中。

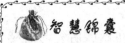

智慧锦囊

重复是学习之母。

——德国哲学家　狄慈根

四、参与性

课后复习质量的好坏，取决于复习时的态度，而不是复习的次数。如果复习时不用心，复习多少次也没有用；如果用心复习了，可能时间较少，也能起到有效记忆的目的。

在坚持以上复习原则的基础上进行课后复习，可以起到事半功倍的效果。这样的复习可以帮助我们有效地巩固记忆，而且可以为以后运用这些知识创造良好的条件。

在进行课后复习时，应抓重点、抓难点、抓知识点，尤其对平时出现的问题，更要给予重视。

对于那些基础知识来说，也不应轻易放过。因为它们是知识与考试的平台，如果轻易地放过了，这个平台就没有搭建稳固，建立在这些基础之上的重点与难点等，也更加难以把握。所以，我们建议复习时应该对这些内容给予留意，重拾那些淡忘的或者已经觉得陌生的知识，做到完整地把握知识内容，进而获得理想的学习效果。

超级链接

依据人体的记忆规律，早晨起床后 1 小时，上午 8 点至 10 点，下午 6 点至 8 点和临睡前 1 小时，是一天当中记忆效果最佳的时间，我们应学会善于利用这些时间提高学习效率。

第三节　复习计划的合理制订

随着科目的增多，内容庞杂，很多同学在做课后复习时感觉千头万绪，无从下手。这就要求我们根据学科的特点制订出适合于自己的切实可行的复习计划，以此自如地应对课后复习。

一个好的复习计划的制订，是成功完成复习的一半。如果不认真安排，不精心设计，就达不到预期的复习效果。比如顺次复习或是重复旧课，这样既浪费时间，又会使人感到索然无味；再比如不分主次，没有掌握知识、理解知识，只是做很多的题，不甚理解，会使人觉得学无所得，从而大大降低学习兴趣……

一个好的复习计划应该怎么确定呢？首先，你应该回顾一下当天学习的内容和自己学习的情况，衡量之下制订一个初步的复习计划方案。如下表：

我学得最好的内容	
我最感兴趣的内容	
我觉得有困难的内容	

初步的复习计划制订好之后，我们可以一目了然地得知——复习时应该侧重于自己还未完全掌握的内容，这样就会对接下来如何复习心中有数，使复习发挥最好的作用。

同时，我们还应结合自己的作息时间、学习场所等因素，对初步制订的复习计划表进行调节。另外，在制订及修改复习计划的过程中，可以借鉴别的同学的复习计划，也可以听取老师的建议，但是不能照抄照搬。照抄照搬的复习计划往往容易让人中途放弃，因为不适合你的，会使你"走不通"，使计划中断。只有制订出有自己特色的复习计划，才能保持充分的主动性，执行好计划。

制订计划的时候，要先问问自己，自己是否存在偏科现象，各学科的薄弱环节在哪里，依据各个学科的重要性划分的复习时间的比例是什么，等等。对知识把握不够牢固的学科或章节要加强复习力度，多花一些时间和精力进行复习。另外，人体的基本生理状况也不能忽视，想一想学习低潮是什么时候，这样的时间段最好避开，作息时间有没有必要做调整，等等。如果你把这些都考虑到了，一个完整的复习计划也就出来了。

值得注意的是，在制订复习计划的时候，应该详细，但是又不能太过精细。计划毕竟只是一个大体的打算，而我们的日常生活却是千变万化的。因此，在制订计划的时候要相对地宽松一点儿，如果连喝水的时间都安排得满满当当，就太过琐碎了。做一件事，多一分钟少一分钟是很常见的，如果据此计划表执行，很容易给自己带来不必要的紧张、压力。这样的计划执行起来就太累人了。

我们可以制订一个总体能把握大局的复习计划，以它作为自己复习纲领来完成。但是对于一个详细的复习计划来说，我们不宜定得太长。因为，我们的学习状况也是不断变化的。如果在执行了一段时期的复习工作后，发现自己薄弱的学科也有长足的进步，不足的知识点也已经得到巩固，我们就要适当地对计划进行调整。比如，复习英语，如果你的英语基础不够扎实，那就要先记单词，于是在计划里就要规定每天复习多少单词。一段时间之后，你发现自己的单词量有进展了，又发现语法知识还要多加练习，那么，你就要给自己安排每天看一部分的语法知识，做一定量的练习加以巩固。同样，如果你的英语有了进步，你就可以把英语上的时间抽一点花在数学或其他相对较弱的学科上。

如果你只是为了省事，一次制订的复习计划太长，这样随着时间的变化，许多发生了改变，你不但会觉得自己花费了太多的精力在计划的安排上，还会对复习的质量产生怀疑，进而影响到自己的学习兴趣。

超级链接

影响学习效率的一个很重要因素是人的情绪。如果精神饱满而且情绪高涨，学习时就会感到很轻松，学得也很快，其实这正是我们学习效率高的时候。因此，保持良好的情绪是十分重要的。在日常生活中，我们应当有较为开朗的心境，不要过多地去想那些不顺心的事，我们要以一种乐观的生活态度去对待周围的人和事，因为这样无论对别人还是对自己都是很有好处的。我们就能在自己的周围营造一个十分轻松的氛围，学习起来也就感到格外有精神。

第四节　课堂笔记的整理

张娜是一名优等生，她在一次访谈中谈及自己的学习心得时，是这样说的："我的学习经验之一，就是不光要会记笔记，而且还要善于整理和使用笔记，使笔记便于复习时使用，以发挥笔记的最大功效。"由于种种原因，同学们在课堂上所做的笔记，往往比较杂乱。然而，为了巩固学习效果，很有必要学会整理课堂上做的笔记，使之成为清晰、有条理、好用的参考资料。

　　我国著名的有机化学、药物化学家，中科院院士蒋明谦，在中学时代就非常善于记笔记。他曾说："我认为要学好一门课，真正能掌握这门学科的内容，就需要把几种课本编写体系的异同和重点弄清楚，并选择一种课本的骨架为中心，把具体的事例穿插进去，摆到适当的地位，写出一套自己编制的笔记。在上初中的三年中，我就这样把物理、化学、生物等课程的笔记都修改过或重写了一遍，它花去了几乎所有的课余时间。这套笔记对我考取几个大学预科，以及后来顺利地考入本科起了很大作用。"

　　由以上的事例可以看出，笔记是一份珍贵的复习资料。由于课堂上要边听边记笔记，有时就不可能完整、准确地记好笔记，有些体会，课上也来不及记。因此，课后复习时很有必要把课堂笔记进行加工整理，把它提炼成一种适用的复习资料，将它保管好，以备日后随时翻阅。

　　可以说，记课堂笔记非常重要，记哪些内容——不仅仅是记老师的板书，更重要的是记老师口头讲的东西，可能你还不是非常清楚。它可以是一个例子，能够加深你对原理的认识；也可以是对原

理的推论，能够减少你在解题时花费的时间。

那么，究竟如何才能整理好笔记呢？概括来说可以从"补""更""调""添""摘""略"这几个方面入手。

"补"是把在课堂上未能记录的部分补起来；"更"是把错字、错句以及记得不准确的地方更正过来；"调"是把次序颠倒，将逻辑不清的地方调整过来；"添"是把预习、上课、复习、看课外书后悟出的重要体会添进去；"摘"是把文章的背景、论点、结论、资料、佳句等，以及参考书上对课本内容有针对性帮助的材料摘录进去；"略"是把无关紧要的内容省略掉，使笔记有"简明性"。

笔记的价值不可忽视，笔记是为自己学习服务的。因此，笔记可根据个人的学习特点和学习习惯自己来定，根据自己对每个问题的掌握程度来决定笔记的详略。除了十分重要的内容以外，课堂上不必记很详细的笔记。如果课堂上忙于记笔记，听课的效率一定不高。课堂上所做的主要工作应当是把老师所讲的内容消化吸收，对于简单的问题，适当做一些简要的笔记即可。

超级链接

学习过程中，把各科的笔记、参考书和资料有规律地放在一起。要用时，一看便知在哪儿。而有的学生查阅某本书时，东找西翻，却不见踪影，时间就在忙碌而焦急的寻找中逝去。一般来说，没有条理的学生不会学得很好。

有些同学为了上课能专心听讲，而不抄笔记。需要注意的是，不抄笔记是不行的，因为人人都会遗忘。有了笔记，复习时才有基础。有时老师讲的内容很多，在黑板上记得也很多，但并不需要全记，书上有的东西可以不用记，要记一些书上没有的定理、定律、典型例题与典型解法等，这些才是真正有价值去记的东西。否则，势必影响听课的效率，得不偿失。

笔记的字迹要清楚，以便日后复习时节省时间。而且笔记要完整，即使几个星期或几个月以后，你也能知道它们的含义。切忌当时记笔记的时候还知道是什么，日后再用时自己还得琢磨许久，才能识得其真面目。

另外，课堂笔记不应下了课就被闲置一边，在日常复习中应该恰当地使用。有些同学记了笔记后就放在一边从来不用，这样的笔记就没多大用途了。作为一个学生，应当经常看笔记，温故知新，学过的知识才不至于被遗忘。每天放学后，应当把刚刚整理过的笔记再看一遍，并在空白处随时记下自己新产生的想法和问题。这样做，不仅使学过的知识能得到巩固，也能为下一堂课做好知识上的准备。

经过一段时间的学习后，一有机会你还要仔细地复习笔记。这时自己的认识水平提高了，再去复习笔记，可以纠正过去记忆中的错误，或是补充新的认识，使记笔记的水平不断提高。这种复习方式，你可能要花上 20 分钟左右，但等到考前复习时，你就不必再花几个小时去弄懂、看透它们了。

超级链接

在日常复习时，我们首先要从"补""更""调""添""摘""略"几个方面着手把课堂笔记整理好。同时要经常复习笔记，随时把自己的新想法添到笔记里，使笔记真正成为一份珍贵的复习资料。

第五节　正视作业的价值

许多学生特别害怕老师布置作业，但对于知识的巩固来说，必要的练习、适量的作业是必不可少的。只有通过做作业，课堂上的知识才能得到巩固，所学的新知识才能被消化吸收。

为什么有些看似很听话、很刻苦并且能够按时完成作业的学生却成绩平平呢？这种情况的原因也许是多方面的，或是学习方法不对，或是被迫学习等等。单就作业这一环节来说，他们可能对待作业缺乏一个好态度。

有的同学只是把作业看成是老师布置的任务，是老师的要求，只要第二天能够交给老师就行了。他们甚至把做作业看成是一件苦差事。于是，他们在做作业之前，对要理解掌握的知识没有进行复习，便匆匆忙忙地开始做作业，至于这道题考查哪个知识点，该知识点的具体内容是什么，与例题有什么联系，从中得到什么启示等是一问三不知。作业批改回来后，也根本不去看，对于其中的错误之处置之不理。结果，这次做错的下次依旧错。作业本上做错的，考试中照样错。试想，这样的学习态度，成绩怎么能好呢？

这些同学把精力放在"完成"两个字上，老师布置的作业一定要完成，这点很好。但有没有想过，应付完成与真正完成之间的差别呢？

从心理学上讲，知识的学习要经历三个阶段，即新知识的获得、知识的转化和评价。知识的获得是我们在课堂上通过老师的讲解最初获得新知识的过程，对知识学习的最终评价是通过测验、考试等手段实现的，而做作业正是完成知识转化这一过程。

　　美国第一任总统华盛顿曾说过："读书而不应用，书等于废纸。"善于将所学的知识应用于实践中，所学的知识才会掌握得更加牢固，你才会成为知识的主人，学的知识才有意义。

　　上海南洋模范中学初三学生杜冰蟾，应用自己学习的语文知识，发明了一种无需任何口诀、不必死记硬背的"汉字全息码"。汉字全息码把繁难的方块汉字分解成一百个部首字进行编码，极易掌握，可广泛应用于中文电脑打字、编辑、中外文翻译等。

　　一名上初二的女同学，从小学习成绩就很好。她曾这样谈到作业这个问题："没有哪个同学会喜欢老师留作业。可是，我可以让自己在做作业时轻松一点。比如，完成一道数学题，很容易解出来的，我就给自己计时，与以前解过的此类型题对比，目的是为了比较解答的时间。在这个过程中，我发现自己做题的速度一点一点快起来了。而且，每做完一道题时，我都会想，还有没有其他更简单的办法。"这位女孩的学习经验告诉我们，完成作业不是目的，在完成作业的过程中能力得到锻炼才是目的。

　　如果你把做作业只是当成应付老师的一种形式，那么在繁多的作业面前你只能怨声载道。因为你根本不想做它，即使抄袭别人的，你也会应付了事。

超级链接

　　无论我们是从书本上得来的知识，或是从电视、多媒体等方面获得的知识，只有经过自己的思考、加工后，自如地运用于实践，才有价值。而我们做作业，做练习，就是帮助我们体现这种价值。立即改变以往对作业的错误看法吧，正视作业的价值，不要再为了完成老师布置的任务而做作业了。

如果你想通过作业来巩固知识，提高成绩，你就不能将作业看成是一种负担，应正视作业的价值。只有这样，才能做到真正为了学习而做作业，为了提高成绩而做作业。

第六节　要养成每天背诵的习惯

世界著名的音乐家莫扎特到罗马的圣提里教堂欣赏亚里格的演奏。当时的规定是：所演奏的乐曲，教堂当局是不准任何人取走乐谱的，所以外面还不曾流传。然而散会后，莫扎特回到家中，凭记忆一句不漏地将乐谱写了下来，使人们十分震惊。

俄国伟大的文学家列夫·托尔斯泰有惊人的记忆力，别人问他拥有超人的记忆力的原因是什么，他解释道："是由于自己每天早晨都要强记一些单词或其他知识。"他还说："背诵是记忆力的体操。"

古今中外，许多有超常记忆力的人，都有持之以恒的强记知识的习惯。

我国宋代女词人李清照经常与丈夫赵明诚比赛，猜出某一个典故出自哪本书。每天饭后，他们都会沏上一壶茶，然后指着堆积如山的经史子集，随便说一桩史事，谁先说出这个典故出自哪本书、哪一卷、哪一页、哪一行，谁就能得到先品茶一杯的奖赏，答不出来的，则只能闻闻茶香。唐代诗人白居易在江州做官时，曾将许多好诗抄在墙壁、屏风和柱子上，随时吟诵，一直到深夜。

马克思青年时代是黑格尔的信徒。他听从黑格尔的劝告，坚持用一种自己不太熟悉的外语去背诵诗歌，日积月累，他的记忆力越来越强。

人的记忆力好比刀，长期不用的话会逐渐变钝。每天让自己坚持记一些东西，不但能改善记忆力，也能使思维更加机敏，更有助于所学知识的积累。

寄语家长 ▶▶▶

在孩子学习的时候，应尽量保证其有安静的学习环境。电视声过大会吸引孩子的注意力，音响声过大会影响孩子的情绪，喜欢会客的家长应在书房等密闭的空间中进行，因为过吵的谈话声会影响孩子学习的专心程度。这些看似平常的事情其实都会影响到孩子的学习，千万不要为了自己方便而忽略了孩子。

德国著名心理学家艾宾浩斯通过精密仪器绘制出一条记忆曲线，即"艾宾浩斯遗忘曲线"。根据曲线形式得到如下结论：人的记忆力在记忆的同时，便开始迅速减退；随着时间的流逝，减退速度会渐趋缓和。

如果我们能在忘记率由急而缓的时间内进行复习，那么长久记忆的知识也能相对地增多。这个时间已经算出，大约是在记忆后的9小时，这时记忆的维持率约为35%，而忘记量却占2/3。也就是说，在这段时间里，如果能花些时间复习，可以使维持率逐渐提高。所以，我们要做到及时复习。

对学习过的材料进行及时、反复的强化，以巩固其在脑中的印象。复习时可以首先尝试回忆先前所记住的内容，这样可以提高记忆效率。

有些同学从小学进入初中或者从初中进入高中，被繁重的学习弄得不知所措。考前复习时，突然发现英语课文有许多单词要记，而且很多单词还很长；语文要背很多的短文；还有那些化学元素符号、数学公式、物理定律……需要记忆的东西很多，难题好像一下子涌现出来了。

　　那么，我们为什么不能每天坚持背诵，使之成为积累知识的一种好习惯呢？比如每天复习，或是业余时间坚持背诵几首唐诗、宋词或是一些单词、优美的语句。

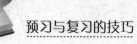

超级链接

　　日常的复习可以使我们养成将知识"化整为零"的习惯，坚持每天记一点儿，日积月累，很多知识就铭记于心了，快考试时也不会出现着急上火、"焦头烂额"，甚至失眠的状况了，只有这样才能自如地应对考试，从而取得优异的成绩。

　　复习记忆的形式也是多种多样的。你可以把要记的单词、公式、语句等按照自己的学习习惯，分门别类地制成小卡片，随时随地就可以记忆；还可以购买一些轻巧的小工具书，带在身边，等车、坐车的时候也可以看。刚开始的时候可能有些困难，但坚持练习一段时间后，养成了习惯，就会变得容易了。

第七节 用复述强化你的知识

赵晓辉上初中了，可是他整天都在抱怨："课程这么多，时间少得可怜，哪够用呀，老师不是让背这个就是背那个，我真的很苦恼。我觉得我没有时间背东西，更没有时间复习。"面对赵晓辉的境况，相信很多同学都深有体会吧！

不要总抱怨时间不够用，没时间安静下来复习。其实，复习并不一定要坐在书桌前才能进行。当你上完一节课，不妨合上课本、笔记等，用复述的形式让自己刚刚学习完或复习过的知识在大脑里迅速地再现几遍，加深印象，增强记忆。

复述就是对自己学过的知识提出问题，进行回忆、口述解答，复习已经学过的主要内容，起到自我检查、加强记忆的作用。复述能发现学习中的薄弱环节，以便及时补上，复述还能找出学习中的难点，以便集中精力，重点突破。

我们一起来看看拥有好成绩的鲍小磊同学是如何进行学习的："我每天晚上回家做完作业后，都要把白天课堂上的内容在脑子里像放电影那样回忆一遍，以加深印象，增强记忆。当然，运用这种学习方法的前提是上课认真听讲。否则，只会是'巧妇难为无米之炊'。通过几年的实践，我觉得这种学习方法对我的学习帮助很大。而这种学习方法，是我在上小学四年级的时候发现的。有一天晚上，我正在看《古诗三首》，突然停电了。当时，我就坐在那儿回想刚才看过的课文，没想到轻而易举地就把课文中的一首诗《三行》背了出来，而且印象特别深。"

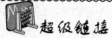

　　每次复习时，应先不忙看书，而是把老师讲课的内容（包括思路）回想一遍，概念、公式及推导方法先默写一遍，然后再把默写内容和课本、笔记相对照，哪些对了，哪些错了，哪些忘了，想一想为什么会错、会忘。针对存在的问题，再看书学习，必然会留下深刻的印象，经久不忘。这种回忆，既可检验课堂听课效果，增强记忆，又可使随后看书复习重点明确、有的放矢。

　　在复习的过程中，你也可以像鲍小磊同学一样用复述的形式进行课后复习。下面，我们谈谈复述的几种方法。

　　第一种：课后复述。上完一堂课或看完一篇课文后，你可以用几分钟的时间概括老师讲授的内容或这段文章的中心思想，及时抓住重点，加强理解和消化。

　　第二种：全天复述。在一天学习完后，安静地回忆自己一天所学的内容，默想一遍。

　　比如进行课后的及时复习，你可以像下面这样进行回忆。

　　上午：

　　第一节：语文。今天讲了鲁迅的《从百草园到三味书屋》，不必说碧绿的菜畦，光滑的石井栏，高大的皂荚树，紫红的桑椹；也不必说鸣蝉在树叶里长吟……

　　第二节：英语。今天老师讲了新语法，语法规则是……其中课文的主题是……还练习一会儿听力……

　　第三节：数学。讲了正弦函数。正弦函数是指……

　　第四节：历史。本节课是"鸦片战争"，主要讲了鸦片战争产生的背景、过程、意义……

下午：

第一节：体育。今天老师教了投篮……三步上篮的要领是……

第二节：地理。今天讲的是"地震"，地震的形成原因是……

第三节：班会。班会上老师主要强调的是……

经过回忆、复述，当天的知识当天消化理解，没有疑点和疙瘩遗留，这样学习才能轻松、愉快，甚至随时的摸底考试都能应付自如。

"放电影"的好处有：可以及时检查、了解自己复习掌握的情况；及时发现自己的弱点、难点、薄弱环节，并可以及时进行处理，弥补知识上可能出现的空白；可以深化理解，锻炼自己抽象概括的思维能力，形成良好的知识结构，同时增强记忆效果；可以及时清理思维，清楚心理障碍和心理垃圾，提高自信心；把心理机制调节到最佳状态。

"放电影"操作简单、灵活，时间和空间的随意性较大，因此在实际学习生活中要经常使用：可以选择在走廊休息时进行，可以选择在伏案休息时进行，可以选择在饭后空闲时间进行，可以选择在睡前整理东西的时候进行，可以选择躺在床上未入睡之前进行。只要有心，善于利用零碎时间，就可以任意操作。

这样"放电影"，我们只需要花少量的时间就可以数倍地提高自己的记忆力，同时又能有效利用时间。时间一长，我们期望的"成就感"就会逐渐建立起来，进而形成良好的学习习惯，这将会是"克敌制胜的法宝"。

寄语家长▶▶▶

　　复述的学习方法实际操作性强、灵活简单。您可以在与孩子散步的时候提醒或是帮助他进行复述、回忆，也可以在接孩子放学回家的途中进行，也可以与孩子在逛超市的过程中进行，还可以让他自己在睡前进行……只要善于利用时间，就可以达到"积土成山"的效果。一定时间之后，您的孩子肯定会获得不小的收获。

第八节　同步练习和综合练习

　　曹诺的练习册有好几本，她除了做老师留的作业外，一有时间就把练习册拿出来做，可以说是时常在"题海"里"周旋"。可是，曹诺的学习成绩却没有跻入令人羡慕的行列。对于曹诺所处的尴尬境地，班里有的同学也表示有同感。

　　为什么有些同学会出现这种"高投入低产出"的现象呢？这表明他们还是没有真正把握选题的综合标准。这些同学除了不会选择与课本重点、难点、疑点相关的题目外，更不会按学习阶段选择题型。试想，处在学习初级阶段的你，非要挑选综合性强的练习题来做，又怎么会达到复习的最终目的呢？练习效果就更不用说了。

　　为了获得复习的高效率和深化对知识的理解，应该重视复习中的习题训练。由于划分的标准不同，习题可以有许多分类方法。根据习题涉及的知识范围，我们可以把日常复习中涉及到的习题分为两类：同步练习和综合练习。

　　同步练习是指每节课后所留的习题。这种习题知识面窄，针对性强，难度比较小，往往属于基础题，是比较容易完成的。初学新课时，做同步练习有利于巩固加深对所学知识的理解。

寄语家长▶▶▶

　　课后复习最忌讳的是用做题替代复习，天天练，天天做，会做的题在不断地重复，会使孩子的智力降到低点，不会做的题总是不会，使孩子的心情一次次受打击。家长要适时关注孩子的学习情况，对于练习的把握应有比较合理的比例，使孩子在复习的时候做到高效率。

　　综合练习指每一章后面的习题，这些习题的知识范围涉及全章的内容，有的还联系到前面的章节，题目具有一定的综合性。这类练习可以把分节学到的知识有机地贯穿起来，初步形成知识体系。比如，初中数理化每章后面的复习参考题，都属于综合练习。

　　一般来说，我们在进行完一章的复习以后，使知识初步达到系统化的水平，这时再来做综合练习就会顺手多了。做好综合练习也是对自己复习效果的一种检测。

　　有时我们在市面上买到的各种习题集和复习资料中也有许多练习题，里面既有同步练习题，又包括综合练习题。买到手后，不要一股脑儿地什么都做，应该有选择性地做。首先，我们可以把书本里习题按等级分好类，依次进行练习。例如第一次复习把简单的基础题都做完，第二次、第三次再做较难、综合性较强的题，这样每次难度逐渐递增，每次都有收获，效果会更好。

　　题并不是做得越多越好，最重要的是选"好题"。在做题的时候应尽可能地深入了解一道题所要考查的知识，做这道题有什么技巧，进而弄懂一类题，这样做一道题抵得过十道题。千万不能见题就做，那样的话往往会浪费了时间，还达不到什么效果。题都是围绕着知识点进行的，而且很多题是很类似的，首先选择想要得到强化的知识点，然后围绕这个知识点来选择题目，题并不需要多，类似的题只要一个就足够，选好题后就可以认真地去做了。相反，如果只是闷着头做题，对于题中所考查的知识、做题技巧等都不做深究，甚至做错了一道题也不进行及时的纠正，不做深入的思考，这样就算是做再多的题也是白忙一场。

超级链接

日常练习题可分为同步练习与综合练习。做练习同学习一样，是有阶段性的，不可能一步到位。如果初学时用综合练习，效果不一定会好。所以，我们在日常复习时，要选择与学习阶段匹配的习题来进行练习。

第九节　编录错题集

可以说，人最不能原谅的事情就是多次犯同样的错误。如果我们把做题时出现的错误整理出来，并制作成笔记，时常去复习它，那么，一切问题就迎刃而解了。

选择错题的范围应包括课堂练习、作业中的典型错误、单元检测中的典型错误、阶段性检测以及期中、期末检测中的典型错误、考试中的知识盲点等。

首先，准备一个厚大的笔记本，分为五个主要学科：语文、数学、英语、物理、化学。可根据自己的成绩事先预留出每科的页数。成绩好的科目可少留页数，反之，则多留一些。

收录错题时，我们先把做错的题目全部重新抄一遍，然后分析原因，是概念理解问题，还是思路问题、书写格式问题，或是粗心大意导致的错误。一般情况下，我们做题出错的原因主要有两大类：一种是本来会做，因为粗心大意，结果做错了；另一种是知识没有掌握好做错了。明白了错误原因后再把正确的解题过程写上去。如果有不同的解法也能写进去的话是更好的做法。这个过程我们叫"错误整理"。

我们不仅要分析错误的原因和种类，而且在错题数量到了一定数目的时候，还要分析各种错误现象所占的比例。在仔细分析造成错误的原因的同时，还要归纳这些题考核的知识点。当这些知识点多次在你的错题集中出现时，你学习的薄弱环节也就凸显出来了。这样，复习的重点就显而易见了。

寄语家长▶▶▶

引导孩子把已经做过的题和练习总结一下，错在哪儿？为什么错？找准并且分析透，然后制订改正错误的目标和方法，这样不但会增强孩子的信心，也会在日后的考试中提高自己的得分率。

编录错题集一般可以参考下面的格式。

××××年××月××日

原题：……

错解：……

错误原因：……

正解：……

我们以一道英语的选择题为例:

2009 年 10 月 20 日

原题:你想要在超市买 2 千克米。售货员应该怎样问你?

A. How much rice do you want?

B. How many rice do you want?

错解:B

错误原因:用法不清。

正解:A(How much 后接不可数名词,How many 后接可数名词复数形式)。

错误整理的关键是每题必录,一定不能半途而废。不管错题是由于什么原因造成的,都要被录。一道很复杂的题目,即使是由于最后得数加错了,或者忘了写单位等等小毛病,也应该不厌其烦地摘录下来。错就是错,是不分大小的。

另外,错题整理不是把做错的习题记下来就完了。同学们要经常在空闲时间或准备下一次考试时,拿出错题本,浏览一下,对错题不妨再做一遍。这样可以使每一道题都发挥出最大效用,在今后遇到同类习题时,会立刻回想起曾经犯过的错误,从而避免再犯。做到同一道题不能错两次,同一类题目不能错两次,从而减少习题量。

由于基础不同,各位同学所建立的错题本也不同。所以,同学之间可以借鉴交流,从别人的错误中吸取教训,得到启发,以此警示自己不犯同样的错误,以提高练习的准确性。

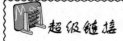

超级链接

　　我们有了一本错题集，并随时分析整理、归纳，不时地把考试、练习中的错题收录进去，并经常翻看。这样，真正做题时出现的错误便会越来越少，成功和胜利就会接踵而来。反之，如果你不能从错误中吸取教训，那么，漏洞就会越来越多、越来越大，以致不可收拾。

第十节　勤于回顾，善于总结

　　欢欢每天上课之前都非常认真地预习，课上也专心致志地听讲，回家写完作业后马上又投入到新课的预习中。但每次考前复习的时候，她都觉得许多知识好像很生疏，甚至有些内容已经记不清是什么时候学的了，以至于做题的时候总觉得时间很紧张。

　　晨晨是个头脑灵活、思维敏捷的学生。她平时的单元测验成绩一直不错。可一到期中、期末考试的时候，关于跨章节、跨系统的能力型综合试题总是做不对。但分析试卷之后，她又恍然大悟："噢，原来这个知识点和那部分的内容是有关系的！"

　　可以说，欢欢和晨晨存在的学习问题在学生当中是比较普遍的。出现这种问题的原因就是缺乏回顾和总结。许多同学认为自己的理解能力、反应能力都不错，平时课上练习做得也可以，往往还要比其他同学做得更快更正确，小测验成绩也可以表现很好，但到了考试的时候却发挥不好。之所以会出现一看内容似乎都会，可到考场就出现不顺手的问题，原因就在于平时不做小复习，只在考前对所有的学习内容进行复习。

超级链接

　　我们在日常复习中，要把及时复习与系统复习结合起来做，做到"回顾"与"总结"相结合。如果你现在的复习状态只有及时复习，没有系统复习，或是只是偶尔进行复习的话，那么从现在开始，改变你原有的复习方式吧！

　　如果不对识记过的知识进行定时地回顾，那么一段时间以后，就会出现像欢欢那样的情况，即考前复习时不能回忆起或错误地回忆起学过的内容。所以，我们要做好定期回顾。做好回顾的有效方法就是做好及时复习和周末小结。通过及时复习和周末小结，把当堂课、当周所学的内容进行梳理，弄清彼此间的联系。只有这样才能把知识掌握牢固，而不是那种似有若无的感觉。

　　相对于欢欢而言，晨晨或许做到了回顾，但她仅仅停留在这个阶段上，而没有及时地把知识结构化、系统化。所以，当她面对综合性的考查时就有些吃不消了。而阶段复习就是要在及时复习和周末小结的基础上，更大范围地对知识进行理解和深化，更清楚地弄懂各部分知识的内在联系。

 智慧锦囊

　　智者弃其所短，而采其所长，以致其功。

——东汉思想家　王符

　　进行课后复习时，我们还可以采取"尝试回忆"的方法。"尝试回忆"是心理学术语，也叫"试图回忆"。具体的做法是在还没有完全记住材料之前，合上书本尽力回忆学习材料。这种复习方法在记忆、复习中效果较好。因为尝试回忆时，进行着各级主动的心智活动，看到成功就会感到成就感，激起进一步学习的动机，有利于识记的进行。同时它又是一个自我检查的过程，能了解课本的重点和难点，明白哪些已经记住，哪些尚未记住，有助于更好地分配复习时间，有针对性地采取补遗复习。这种方法的优点在于简单易行，自己可独立运用；也不需要特殊的条件和设备，比较容易掌握。只要自己注意力集中，就能记忆成功。

要想做好阶段复习，同学们必须抓好及时复习和周末小结。阶段复习好比是组建"知识大厦"，而及时复习和周末小结则是大厦所需的"原材料"。有了材料，组建的进程才会大大提高。可以说，及时复习和周末小结是搞好阶段复习与总结的前提和条件。

我们要做好日常的复习工作，就要做到"勤于回顾，善于总结"。在复习中，要对自己所学内容的不足和缺陷进行整理和检查。同时，要整理归纳好一定阶段的学科知识，把具体、丰富的知识转化为便捷、简单的纲要、图表等等，为以后的考前复习做好准备。这样才能达到日常复习的真正目的和效果。

超级链接

学习效率的高低，是一个学生综合学习能力的体现。在学生时代，学习效率的高低主要对学习成绩产生影响。当一个人进入社会之后，还要在工作中不断学习新的知识和技能。这时候，一个人学习效率的高低则会影响他（或她）的工作成绩，继而影响他的事业和前途。可见，在学生阶段就养成好的学习习惯，拥有较高的学习效率，对人一生的发展都大有益处。

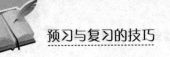
第六章　领会多样的课后复习方法

课后复习不应该是机械地重复学习。课后复习除了背诵、抄写、做练习题之外，还可以将回忆、自我提问、举例说明、比较分析、绘制图表等多种方法相结合，进行有效的复习。在日常复习中，我们要根据学习内容和特点，选择适当的复习方法，以此达到最佳的学习效果。

课后复习的方法多种多样，我们应该在领会其真谛的基础上选择适合自己的课后复习方法，只有这样，才能使复习一路畅通。

第一节　提纲复习法

我们平时上课是逐章逐节进行的，即将整块知识分解开来各个击破，这种化整为零的方法虽然易于接受，但是知识比较分散杂乱，不易对知识进行整体把握。而课后复习的整体战略思想应是化零为整，复习时应有一个总体设计。

进行课后复习时，我们可以先把书本知识进行归纳总结，大致理出知识的结构框架，弄清其来龙去脉。然后再以章为单位分层补充，整理出基本概念、规律和技能，阐明研究方法和内在联系，点拨解题思路。通过系统整理和分层补充，可以形成知识的实体，这对于增强学习效果是大有帮助的。

一节课、一单元的课程结束后，我们可以把主要内容列出提纲。根据这个提纲，自己可以联想出丰富的知识体系。

大体提纲如下：

一、×××　$\begin{cases} 1. \\ 2. \\ 3. \end{cases}$

二、×××　$\begin{cases} 1. \\ 2. \\ 3. \end{cases}$

如果有的问题提纲里反映不出来，还可以在后面加上"说明"。

词 $\begin{cases} \text{实词：名词、动词、形容词、数量词、代词} \\ \text{虚词：介词、助词、连词、副词、叹词、拟声词} \end{cases}$

例如，复习语文时，可以根据词的分类，列出这样一个提纲来。

进行复习时，都要先把握重点，把重点记住。所以，你也可以把重点作为主干，然后再在这些主干上添枝加叶。

再比如复习历史，假如今天的课学完了汉朝部分，那么我们可以对汉朝以前的历史进行这样的排列：

夏		约前 21 世纪—约前 16 世纪
商		约 16 世纪—约前 11 世纪
周	西周	约前 11 世纪—前 771 年
	东周	前 770 年—前 256 年
秦	春秋时期	前 770 年—前 476 年
	战国时期	前 475 年—前 221 年
		前 221 年—前 206 年
汉	西汉	前 206 年—公元 25 年
	东汉	公元 25 年—公元 220 年

面对这样的提纲，当你复习时，看着自己归类的主干，就可以

进一步扩展，添枝加叶了。以战国时期为例：战国时期的工业、农业、社会经济等方面都得到了很大的发展，具体列出这些事项。

当你复习物理的力学部分时，可以分为两大结构，一是运动和力，二是力的作用效果。对于第一个框架可以分为运动类型、运动现象、运动规律、运动本质四大部分，贯穿前后的是牛顿运动定律。对于第二个框架可以分为力的瞬时效果、力作用一段时间的效果、力作用一段位移的效果三大部分，其中物体的受力分析是基础，动能定理和动量定理是主线。

如此这样一整理，是不是对于复习有很大帮助呢？

 超级链接

想要把孤立的知识点列成提纲，有时需要经过多次的复习和修改才能实现。所以每次复习时，我们都要边复习，边修改和补充知识纲要。只有这样，知识才能得到深化和巩固，我们记忆的内容才不容易忘。

第二节　口诀复习法

在平时的复习中，我们经常会遇到一些零散的知识，很难记住。如果我们以整齐押韵的句式概括出所要记忆的内容，形式上近于顺口溜，内容上极其概括，然后实行强化记忆，这样记忆效果就好多了。

比如，数学三角函数公式口诀表："三角函数公式多，细细推敲有规律；正弦余弦和公式，由它入手导其他；β 变负和变差，两角相等成倍角；和与差来加减，导出积化和与差；遇到和差要化积，积化和差来帮忙；两角之和等于 x，两角之差等于 y；代入积化和差中，和差化积完成了；遇到半角也别慌，余弦倍角来帮忙；半角等于 α，代入其中去推敲。三角函数巧变化，基本公式莫忘了；正余弦平方和为 1，正切余切互相倒；正弦余弦比为切，推导过程要细心。"

还有，复习常见标点符号的用法也可以使用口诀复习法。

问号："第一注意选择问，全句末尾才用问。第二注意倒装问，全句末尾也用问。第三注意特指问，每句末尾都用问。第四注意无疑问，陈述语气不用问。"

感叹号："关键注意倒装叹，全句末尾才用叹。"

顿号："大并套小并，大并逗，小并顿。并列谓和并列补，中间不要去打顿。集合词语连得紧，中间不要插进顿。概数约数不确切，中间也别带上顿。"

分号："分句内部有了逗，分句之间才用分。"

冒号："提示下文用冒号，总结上文要带冒。"

引号："引用之语未独立，标点符号引号外。引用之语能独立，标点符号引号里。"

括号："注释局部紧贴着，注释整体隔开着。"

比如，关于英语有这样的口诀："来是 come，去是 go，二人见面 How are you?" "late 是晚，early 是早，take a bath 洗个澡。" "be"的"我用 am，你用 are，is 连着他、她、它。单数名词用 is，复数名词全用 are。变疑问，往前提，句末问号莫丢弃；变否定，更容易，be 后 not 莫忘记。疑问否定任你变，句首大写莫迟疑。"

经常有人喜欢将地理的名词编成小的顺口溜。比如，四大著名

石窟，为了方便记忆，可记成："一个叫云龙的人卖（麦）馍（莫）。"即云龙卖馍——云指云冈石窟，龙指龙门石窟，麦指麦积山石窟，莫指敦煌莫高窟。

再如，许多人把清朝的皇帝编成口诀，提高了记忆效率，而且经久不忘："顺康雍乾嘉道咸，同治、光绪、宣统。"即顺治、康熙、雍正、乾隆、嘉庆、道光、咸丰、同治、光绪、宣统。

运用这种方法时，如果我们所学的内容是次要、非重点的或是不编口诀也很容易记下来的，那么就没有必要把它们浓缩，只要概括那些重点内容就可以。而且，这种方法并不是所有知识内容都可以运用，一定要在理解、熟悉内容的基础上加以概括。

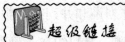

在复习时，我们将那些重点内容编成通俗易懂的口诀加以记忆，不仅增强了学习的趣味性，要求记忆的内容也记得更牢固了。你可以和老师、家长、同学一起编口诀，一起学习。

第三节　读背结合复习法

背诵在复习的过程中占有重要地位。心理学研究发现，单纯阅读或单纯背诵的效果一般，而边读边背可以增加记忆量，节省记忆时间。背诵中的反馈作用十分重要，它能极大地提高记忆效果。读一读，背一背，然后再读一下，看背得对不对……如此反复进行。

那么在复习中，如何将读与背很好地结合起来呢？主要有三种形式：回忆、回想、提示。

第一种：回忆。你在复习时，要先将材料读上几遍，然后用手或纸片遮住学习材料中的关键部分，尝试着背诵一遍被遮部分的内容。然后除去遮挡，检查自己回忆得对不对。记不住的地方再读几遍，然后再背，直到彻底记住为止。这种方法利用的原理就是及时反馈。

在回忆的过程中，你还可以自己对自己提出问题，然后自己做出回答，再对照学习材料检查自己回答的正误，这也是检测记忆效果的有效方法。

第二种：回想。一段复习材料背诵之后，间隔一段时间或在从事其他活动的过程中，回想一下刚才记忆的内容，其中遗忘的内容作为下次背诵的重点。

复习时朗读比默读效果好。特别是头脑不清醒的时候大声朗读可使注意力集中。所以，你可以将背诵中的重点内容（如标题和关键词）背出声来。有时，可以把读、看与写结合起来。有些同学利用录音机，录下自己朗读的内容，然后边听边看，从而提高记忆效果。

寄语家长 ▶▶▶

家长可以协助他（她）进行一些测验，比如英语单词的听写、英语对话的练习、公式的听写等方面的事情。而且在听写的时候最后打乱顺序，不按书上的编排顺序进行，这样可以有效地检测他（她）的记忆情况。

第三种：提示。复习背诵材料时，你可以和几个同学凑在一起，相互提问然后回答。将学习材料背过几遍之后，交给你的同学，由他任选其中应背的内容向你提问。背诵的过程中，遗忘的地方可以

给你加以提示，并作为下次背诵的重点。

美国心理学家约翰·米勒曾对短时间记忆的广度进行过比较精确的测定，测定正常成年人的记忆广度是 7 + 或 - 2，并且得到了国际记忆学界的公认。也就是说，识记材料每个分段所包含的数量最好在 7 个左右，不管是单个识记内容或是同类的集合，都同样有效。只有这样，才能使记忆效率达到最高。

所以，我们在进行背诵前，可以把要背的材料分成若干段（最好为七段），每一大段里又可分成若干小段。如此这般，原来一大篇化成了若干小篇，若干小篇又可化成若干小段，并且一小段一小段地记并不困难。这种方法在心理上就产生了优越感，信心自然也就有了。

这种方法比较适合学习内容杂而多、识记材料间意义联系少的材料，如果能与及时的复习相结合，效果会更好。比如，记忆文言文、人名、地名、历史年代、英语课文等等。

超级链接

背诵是复习中的重要内容。对于复习方法，我们可以自己进行回忆、回想，也可以与他人合作进行提示性记忆。

如果要识记的文章有好几页，那么你可以先通读几遍，大致了解文章的内容。再将它分成各部分内容均等的七部分，每部分分成七大段（可以把有一定关联的材料分为一段），然后把每段分成七句话。每七句话地背，等背熟了再背后七句话……等到七个部分都背熟以后，再把整篇课文读一遍，再背一遍。如果有的地方还不够熟，就重点把那部分背上三四遍。最后，通背课文就可以了。

第四节　"三看二做一录入"复习法

在进行课后复习时，我们要围绕复习的中心课题认真地看书、看笔记、看错题、做练习题、做总结笔记、录错题。

通过阅读和练习，可以使掌握的知识迅速回到原来曾经达到的水平。在阅读和练习的过程中，如果发现了不懂的问题要及时弄懂，发现了没有记住的知识要想办法记住。

一、"三看"

"看书"。阶段复习时不要急着打开课本看详细的内容，而是要先翻开目录。先回忆，后看书。对照目录，想想在前一阶段，自己还有哪些内容掌握得不牢固，比较陌生。试着回忆其中的概念、性质、法则、公式、数量关系和解题方法等。回忆不起来时再打开书翻看有关的内容。

你也可以用自己的语言把所学的内容准确地叙述出来，这有助于将零散的资料整理成系统的知识，起到自我检验、突破重点、加深记忆的作用。复述可以采用自问自答的形式进行，也可以借助一定的关键词、重要图表及公式等，还可以提前列出一个简单的复述提纲。

把知识点分类：你可以用铅笔在目录上，把知识点分成 A、B、C 三类。A 类是已经熟练掌握了的，B 类是初步掌握但不熟练的，C 类是没有掌握的。这样，既可以做到心中有数，也方便了你下一次的复习。

"看笔记"。合理利用笔记进行系统复习。对照课堂笔记，看看在前一阶段老师重点讲了什么内容，与自己的理解有何差异，哪些

地方记住了，哪些地方遗忘或忽视了，自己都记了哪些心得体会。这样，可以进一步把握重点，理解难点，加深记忆。

"看错题集"。我们之前已做好一个收录作业、卷子、习题错题的错题集，这时千万不要把它忘了。可以说，这是你分析总结的心血，也是你对症下药的秘方。记住一点：系统复习时，只需要认真地看，不需要再做了。看的过程中，问问自己为什么会做错，是由于思路有误还是这道题当时根本就没做出来……

二、"二做"

"做练习题"。通过做习题去发现问题，然后再深入地读书钻研，加深领会，继而再做题，这个过程是可以不断深入进行的。不少学生自认为复习得挺好，可是一做题，就知道自己复习得还很肤浅，从而促进了对问题的钻研。题不用做得太多，不是题做得越多越好，题不在多而在精。每做一道题，都要反复思考题目的类型，解题时运用的概念、定理以及解题思路和逻辑关系等，以达到举一反三、提高解题效率的目的。

"做总结笔记"。阶段复习后，在内容、方法、程序、书写和感受等方面有什么好的策略和经验，应及时总结出来，以备发扬下去。今后再复习时，便可以在原有的基础上，再深入一步，进而达到更高的学习和认知水平。

三、"一录入"

"录错题"。将前段时间的学习与这次复习时出现的错误录入到错题集里，并且要经常翻看。

第五节 列表复习法

复习的关键性工作并非简单复习原有的知识，而是进行分门别类的整理加工。列表的方法，有助于事半功倍地巩固、理解、系统掌握知识。列表，就是将知识的精华列为图表，从而达到掌握知识体系的一种学习方法。

同学们从课堂上、书本里学到的知识，常常是零乱的。要想把它们变成自己的知识，就必须进行一番加工整理，这样，学过的知识才记得牢、用得活。

上海的方刚同学就很喜欢这种方法。有一次，他在父亲的指导下，将常用的 12 种标点符号进行了分类整理，列了一张表，大家可以借鉴一下：

标点符号使用方法一览表

	此标点符号特点	标点
1	用在句子中间	、 ，　　 ； ：
2	用在句子末尾	。 ！ ？
3	连占两格	…… ——
4	标在两头	"" （ ） 《 》

比如，我们的化学课中学习过气、氕、氘，为了更好地复习，我们可以将其归纳后用图表表示出来：

氕、氘、氚的比较表

名称	读音	符号	组　成	说　明
氕	piē	H	原子核只有一个质子	原子质量为1的普通的轻氢同位素；是氢的主要成分
氘	dāo	D	原子核为一个质子一个中子	氢的同位素；其原子量为普通轻氢的2倍；在化学和生物学的研究工作中作示踪原子
氚	chuān	T	原子核为一个质子两个中子	氢的放射性同位素；原子量为普通氢的3倍；自然界中存在极微，从核反应制得

还有是一种比较性的表格，比如，我们将分数、除法、比的对应关系列成表格：

分数、除法、比对应关系对比表

项目	对应的名称				例子
分数	分子	分数线	分母	分数值	24/6 = 4
除法	被除数	除号	除数	商	24 ÷ 6 = 4
比	比的前项	比号	比的后项	比值	24∶6 = 4

在这个表格中，我们将分数、除法和比三者的关系进行了分析，分数中的分子是除法中的分子，也是比的前项；分数中的分母是除法中的除数，也是比的后项；分数中的分数值为除法中的商，也是比中的比值；分数中的分数线，在除法中用除号表示，在比中由比号表示。通过这个表格，我们就可以轻松地找出三者之间的关系，复习起来就方便多了。

列表复习的方法很方便。这些表格，小的可以制成卡片，大的可以收成一个本子。

考前复习时，浏览一下原来所列的表格，所学过的知识就尽收眼底了。加上这些知识是自己整理、消化后写出的，所以复习时，只要稍微看看，就能把脉络理得十分清楚。

> **超级链接**
>
> 目前市面上有许多图表式的辅导书，您可以为孩子买来，为他所用。但还是建议让孩子先自己试着动手列表，如果可能，还可以让孩子借鉴其他同学的列表，这样利于加深他对知识的理解和掌握。

第六节　厚薄读书复习法

刘晓宁望着书本，苦恼地说："转眼这本书已经快学完了，这怎么复习啊，哪来这么多的时间啊？"相信这样的情况许多同学都感同身受吧。

你还在望着厚厚的书，觉得无从下手吗？解决这个问题的最巧妙的办法就是在厚书的基础上返回来，把书变薄。这里要讲的复习方法也正是要达到这样的目的。

当我们初步理解所学的知识后，就要寻找这些知识的纲要，总结概括这些知识的要点。当这些要点多起来之后，我们还要进一步分析这些要点间的内在联系，在更大的范围里看清它们彼此的关系。实际上，把书变薄的过程正是将孤立的知识进行联网的过程。

那么，这个"网"应该如何联呢？

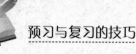

著名数学家华罗庚教授自学成功。关于编织知识网，他总结自己的学习经验时，提出读书要有"由薄到厚"和"由厚到薄"两个过程。

"由薄到厚"，这是知识不断丰富和积累的过程。"首先应该不只看到书面上，而且还应该看到书背后的东西。"这就是说，对书本的某些原理、定律、公式，我们在学习的时候，不仅应该记住它的结论，懂得它的道理，而且还应该设想一下别人是怎样想出来的；设想别人是经过多少曲折，攻破多少难关，才得出这个结论的。而且还不妨进行更进一步的设想，如果书本上还没有做出结论，我应该怎样去得出这个结论。

世事洞明皆学问，人情练达即文章。

——清代文学家　曹雪芹

在阅读的过程中，对书中的每个概念、原理和观点要加进自己的理解，要深入理解自己不懂的地方，还要用参考资料、圈点眉批等方法丰富有关问题的资料，这样读书的页数、篇数、本数由少到多，吸收和充实书本的有关内容，使自己获得许多比书本上内容更为丰富、更为深刻的认识、见解，致使书越读越厚。比如，马克思为了写《资本论》，阅读过 1500 多种书，并作了摘要；毛泽东在阅读过的《伦理学原理》（全书仅 10 万余字）一书中，批语就达 1.2 万余字。

"由厚读薄"，是掌握书的要点的过程。我们在对读物深入理解的基础上，经过自己的思考，把它加以归纳、综合和概括，抓住书中提纲挈领的精要和最本质的东西，使书本的知识真正为自己所有。我们在复习的时候，一定要抓住纲要。所以，在学完一个章节后，最好自己进行小结，自己总结归纳出一个简要的提纲。

孤立、零碎的和杂乱无章的知识是难以记住的，只有让新旧知识建立联系，形成有序的结构，才便于理解和记忆，这样才能经久不忘。我们在日常复习中，一定要利用好这种神奇的读书方法。

超级链接

在每节课后，我们要认真、及时地做好复习。我们要通过各种途径，吸收和充实有关的知识内容；还要在学完一周或一个章节后，自己进行小结，独立总结归纳出一个简要的提纲。这样才能使知识经历"由薄到厚"，再"由厚到薄"的过程，也才能从更高角度认识我们的学习内容。

第七节　试卷复习法

同学们都经历过大大小小的考试。主科考，副科考；期中、期末考，章节也要考。所以，一学期下来，每位同学手里都会有一厚摞各式各样的试卷。每位同学对待这些试卷的态度不尽相同，有的做完了顺手一扔；有的虽然没扔，但也是将它们打入冷宫，置之不理。其实这些都是错误的做法，试卷中的题目都是老师们深思熟虑精选上去的，着重反映了这门学科学习的重点和难点，而且也反映了自己在这门学科的学习状况。所以，我们要充分利用好以往的试卷进行复习。复习不只是考前才努力进行的，课后复习时也应该将试卷的问题进行复习，加深理解，这样才不至于在考试的时候手忙脚乱。

那么，如何正确对待以往的试卷呢？

首先，在每次试卷发下来以后，都要把每道题重新认真地研究一遍。看看自己哪些题做对了，对的题方法是否简便，步骤要不要补充、精简；错的题当时为什么会做错，是马虎，还是根本不会做这种类型的题等等。

其次，要认真听老师的讲解，并把自己的问题记录在试卷上，写明原因，以及正确的解题思路和方法。

再次，要将自己独立做过的试卷分学科地一张一张整理好，编辑成册，然后给每本小册子（试卷）做一个目录，放在册子的首页。

例如：

初三语文试卷目录

①小结考试卷……………………3 月 10 日，86 分

②3 月小测验……………………3 月 28 日，89 分

③期中考试卷……………………4 月 25 日，91 分

④语文复习卷……………………5 月 15 日，85 分

⑤5 月小测验……………………5 月 28 日，87 分

……

⑩期末考试卷……………………7 月 14 日，92 分

有必要的话，最好编上顺序号，把册子从头到尾加上页码，在目录的相应位置也要加上页码，这样便于以后查找。

最后，要经常翻阅。我们在翻阅试卷的同时，可以将里面的题目进行分类，做出标记，这样做，可以为下一次的复习留下回忆，免去了复习试卷不得要领的麻烦。

比如，如果是一般性的题目，而且自己做对了，那么就将它放

在一边。如果自己做对了，而且题目设计得很好，那么就打个"◆"。对于这两类的题目，我们在进行复习时，大体扫一下就可以了。由于自己马虎，或是思路有误做错的题，打个"▽"；自己几乎没有思路，不会做的题，打个"※"。这样分类以后，再复习时就十分方便了。画"▽"和"※"的题目，则是我们以后复习的重点。

超级链接

试卷和错题集一样，都是我们日常和考前复习的重要法宝。我们在给已考过的试卷做标记时，可以依据个人的喜好和习惯自己来定，不用仅仅限制在这些特殊符号上。比如，错题用荧光笔标，好题用铅笔标等等。

第八节　专题复习法

进行系统复习之前，首先要按照知识的体系来确定系统复习的课题。

比如，一个学期下来，我们的语文课上学过许多文章。所以，你也可以按文章的特点、特征来选专题，像以写"景"的文章为专题的，一个单元中有《春》《济南的冬天》《山中访友》《秋天》等。我们可以将其进行比较、分析，从写作手法、描写的次序、语言特色等方面进行比较。

我们还可以以文体，比如记叙文、议论文、应用文、诗歌、小说、散文、戏剧等为专题将所学课文内容进行复习。

还可以作家作品为专题，即：古代作家、现代作家、当代作家、外国作家，项目可以有年代、作家、字号、代表作、课文、课文出处等等。

历史课本中经常有地图，所以，我们可以做一个以地图所反映的内容为核心的历史地图专题。历史地图按其表现的内容可分为以下几个专题：政治类，如战争或运动形势图、政区疆域图、民族分布图、对外关系图、国际关系图等；经济类，如水利交通图、工农产品分布图、工业企业成就分布图等；文化类，如古人类遗址图、城市建筑图、文化传播图等。

将地图以专题的形式加以利用，把相关的知识点多线索、多层次地串联起来，形成立体、完整的知识体系，从而达到强化基础知识，提高思维能力的目的。

在这种专题复习中，涉及的知识往往要联系到一个单元，有时还要纵跨几个单元所学的知识。不过，这对建立新旧知识的联系，对知识的系统化能起到促进作用。

善于去找专题来复习，一个一个专题地复习过去之后，不仅提升了你的学习兴趣，也会使你的学习自信心越来越强。

超级链接

进行专题复习时，我们必须由浅入深，由易到难，层层深入，一环紧扣一环。你可以从自己感兴趣的专题或比较擅长的科目开始，逐步拓展到其他题目和科目，一点一点培养自己对复习的兴趣和信心。

第九节　顺读逆思复习法

在复习中，我们机械地重复同一知识，往往容易产生厌恶感。

如果能适当地变换复习顺序，采取顺逆交错的方法来进行复习，这样就能给人新鲜感，也容易有新发现，利于增强复习效果。

运用顺读逆思复习法有四个步骤。

一、逆思

从你要复习的内容的最后章节开始往前看，也就是从尾到头地往前翻书，边看边思考，回忆一遍课本的主要内容，像是从结果探求事物发生的原因一样，寻找知识结构脉络。

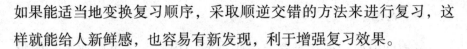

智慧锦囊

不下决心培养思考习惯的人，便失去了生活中最大的乐趣。

——美国发明家　爱迪生

二、顺读

从头到尾地按照课本顺序进行阅读，寻找内容间的内在联系及发展线索，这是一个由因求果的读书过程。

在阅读的过程中，我们要学会利用好目录、书中的内容提要、标题和课后小结等部分，这些属于知识的"骨架"。进行课后的及时复习、周小结、月小结、全书总结等阶段性复习时要充分利用这些"骨架"。

三、"顺读"和"逆思"兼用

"顺读"和"逆思"要反复、多次地进行，对记忆不牢的内容要着重阅读和思考，及时解决。"顺读"和"逆思"相结合，有利于掌握课本的结构特点，弄清知识的来龙去脉。

四、总结

复习的最后一步就是要总结把握知识内容。你可以找来一张较大的纸，在纸上将各章节的内容搭成一个框架，组织它们的内在联系，再把每个小节中的知识点填充在里面。你还可以在吃透课本的基础上，打乱课本的体系，根据自己的角度来编排一份新的结构框架。有了这份知识结构图表，你所复习的内容就一目了然了，也便于记忆和以后的复习。

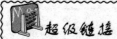

> **超级链接**
>
> 顺读逆思复习法不能只满足于回忆所学的知识内容，而是要透彻理解，融会贯通，力求对"旧知识"有新的体会和新的感受。

第十节　音乐复习法

音乐可以陶冶情操，调节情绪。音乐是打开无压力快速学习大门的钥匙，也是提高大脑工作效率和记忆力的积极有效的方法。在有些工作和学习场所播放优美、舒缓的"背景音乐"，可有效地提高工作或学习效率，这一点已为人们所公认。

那么，什么样的音乐更适合我们复习时听呢？

前苏联的科学家们发现，十七八世纪的作曲家们创作的某些音乐，对大脑和记忆有很强的影响。当听着宁静而舒缓的音乐，你的血压会下降，你的心脏也开始健康有节奏地跳着，血压中的紧张因子也没有了。因此，你的免疫系统得到了加强，大脑和身体随着缓慢的韵律渐渐地进入了和谐状态，这正是取得优异成绩的最佳状态。

　　在日常的复习时，还可以放一些背景音乐，帮助你轻易而快速地进入理想的学习状态，提高记忆速度。有些同学非常喜欢听流行音乐，上学的路上听、课间休息听、放学路上还听。那么在复习时，是否可以选择流行音乐作为背景音乐？流行音乐和古典音乐哪个效果更好呢？

　　美国心理学家做过关于音乐对学习效率有何影响的研究。在简单词汇训练的调查中，结果表明，通俗音乐和古典音乐的伴奏效果差不多，有音乐伴奏时远比没有音乐时的成绩理想。但在理解力训练的调查中，却显示古典音乐的伴奏要比通俗音乐的伴奏效果好得多。而且，通俗音乐的伴奏已经成为阻碍大脑思考的障碍。也就是说，进行简单的材料内容学习和记忆时，我们可以选取自己喜欢的流行音乐或古典音乐作为背景音乐。对于需要深入理解，较为复杂的学习内容，我们最好选择古典音乐作为背景音乐。

　　为什么会有这种情况呢？因为流行音乐的旋律明快、通俗易懂，无形中容易使人倾心静听，转移注意力。所以在利用音乐提高复习效果时，要先懂得哪种音乐对哪门功课的内容会发生什么不同的影响，才能有好的效果。

　　一般来说，背景音乐的频率以 50～70 拍/分钟为最佳，如维瓦尔第的《四季》、恩雅的《水迹》以及我国的一些曲调悠扬的民族音乐等，都可以作为背景音乐。这里，我们再给同学们介绍几首合适的背景音乐：莫扎特的《D 大调交响乐"海夫纳"》《D 大调交响乐"普拉格"》，贝多芬的《钢琴和管弦乐队降 B 大调第 5 号协奏曲》，巴赫的《G 大调风琴幻想曲》《G 大调教义赞美诗序曲》，海顿的《G 大调小提琴和管弦乐队协奏曲》第 1 号、第 2 号等等。

预习与复习的技巧

　　音乐能毫不费力地增强记忆，解除压力，帮助你集中注意力，同时还有助于听力的提高。所以，我们也可以选择这种方法复习相关的科目。

超级链接

　　每个人对音乐的感觉都不一样，有的音乐适合，有的音乐不适合。你可以通过一些途径（比如网络下载、买光盘等等）得到音乐后，把所有的音乐都听一遍，选择自己喜欢听的，然后不断地尝试，找到适合自己学习的背景音乐。

　　当你复习累了，想要轻松一会儿的时候，可以听一听自己喜欢的流行音乐。但不要选择流行音乐作为学习的背景音乐，它只会让你的注意力更分散。

第七章 根据学科的特点进行复习

每门学科都有各自的内容和学习特点，有的以记忆为主，有的以思考解题为主，有的则介于两者之间。所以在复习的时候，一定要根据不同学科的特点，有选择地使用不同的复习方法。可以说，没有科学的复习方法，就不会有理想的效果。

第一节 读—画—写—练—想，面面俱到的语文复习

现在普遍的一种状况是，很多同学认为语文是经常接触的，应该没有太大的问题因而平时不管不问，一心放在数理化和英语上。考试前，又觉得短期突击也不会起什么效果，因此将语文置之不理，全凭个人的临时发挥。

其实，语文和其他科目的分数等值，语文分数低，会严重影响你的总成绩，给你拉分。而且，学好语文不仅可以锻炼你的语言表达能力、理解能力和思维能力，还能丰富自己的生活。所以，我们要重视语文的学习。

语文成绩的提高，关键在于长期的知识积累。你每天不需要在语文上花太多的工夫，但一定要复习。我们在日常的课后复习中，可以用"五字法"来复习语文。

"读"：通过阅读课文，把握全文大意，了解作者的创作情感、语言风格、文章的特色等知识点，并将自己的读后感和课堂上老师讲解的内容进行有机结合，加深对课文主题的理解和掌握。

"画"：在阅读课文的同时，把文中的重点句、中心句、名句和生字、生词，用不同的符号勾画出来。对于课文中新学的字，不但要会读其音，并能进行简单地应用。

比如，《抄检大观园》一文中有一个字"勘"，跟以前学过的"斟"有点像，如果不细看，注上汉语拼音"zhēn"就错了。"勘"的读音是"kān"，然后用"勘"来组词：勘探、勘测、校勘，还有课本上的"勘察"。为了区别各组词的含义，还可以多造几个句子。对于学过的词汇、成语，要能理解其包含的全部意思，分清词的类型。遇到疑难，要做出标记，便于向老师、家长和同学请教。

寄语家长▶▶▶▶

阅读是增加词汇量的重要途径。通过阅读可以开阔孩子的眼界，拓宽知识面。家长可以通过让孩子制订阅读计划，提出目的要求，编写书面练习，提高孩子的阅读能力。阅读材料的选择可以通过老师的推荐，也可以让孩子自己选择，所选择的材料要力求知识性强、趣味性浓，词汇量适合孩子的实际阅读水平。

家长还要进行定期检查，要求孩子留有读书笔记。检查形式有提问、扩写或缩写文章、小测验等，以了解孩子的阅读情况。这样精读泛读相结合，长此以往，就能收到很好的成效。

"写"：抄写，就是通过抄书的方法来学习语文。无论平时学习还是考试，有些同学往往把字词写错，原因之一就是缺少写的训练。新学的字、词、重点语句不妨在理解记忆的基础上，反复抄写几遍。如果你想通过抄写一些作文来提高自己的写作水平，那么最好整句整句地抄写，不要看一个字抄一个字，你还可以诵读后再抄写，这对保证效果也非常重要。

"练"：就是通过做练习题，检验自己对知识掌握的程度。这是复习语文的重要手段之一。课文后的思考题，要在理解课文内容的基础上，认真思考正确的答案。遇到没有把握、含糊不清的问题时，要主动向老师请教。课文后的练习题，即使是平时作业中已经做过了，也可以再进行练习。尤其是作业本上出现过错误的题，要找出当时错的原因，现在再做还会不会错。

你也可以每学习一篇课文后，把这篇课文的内容编成相应的练习题。比如，一篇课文中，有一段标点很有特点，你就可以把这段文字抄下来，不带标点符号，然后让自己练习填上标点。再比如，这一段有许多用词很美的地方，你就可以把这些词略去，变成相应的括号，自己练习填空。

超级链接

在日常的复习中，我们要注意分类总结，把课文中所涉及的知识点都记录下来，进行强化记忆。业余时间，你还可以多读一些古文、古诗，比如看《孔子》《孟子》《史记》《成语故事》《古文观止》等书，看其中的故事情节，文学常识、字词的用法等。熟能生巧，有了一定的古文功底，再读古文时就不会感到吃力了，而且一些古义不用怎么读也记得住。

"想"：复习的内容可以通过"想"来巩固。想的时间和空间不受限制，你只要在适当的空闲时间进行就可以，比如上学和放学的路上、睡觉前等等。当某个知识点联想不起来时，要经过查找及时巩固。

课后复习是语文学习的重要环节，也是提高语文学习成效的重要因素。想要提高语文成绩，必须重视日常学习的知识积累。通过"读—画—写—练—想"五步相结合，可以达到很好的复习效果。同学们不妨试一试！

第二节　着眼于四个方面的数学复习

有经验的老师在谈到同学们的数学成绩不理想的原因时，将其归为两类：一类是基础知识不牢固，连基本题都错；一类是基础知识都会，但不能融会贯通，涉及到几章内容知识点的题总是出错。针对这两类情况，我们在复习时，要着眼于四个方面的学习：基础知识、例题、做题和归类总结。

一、基础知识

数学是依据一整套基本概念、基本公式来运转的，离开这套数学语言，我们将寸步难行。复习数学时，对于概念、公式、定理，要知道它们是如何推导出来的，可以用来证明什么，与其他概念、公式、定理有何联系等等。阅读概念时要非常认真仔细，一字一句地阅读，把每一个字、每一个词都弄明白。如果遇到不明白的地方，你也可以看看参考书是如何说的，对比着看一看，可能就会明白了。

二、例题

课本中的例题，是学习如何运用概念、定理、公式的最一般的示范。经过课堂学习后，再看例题时则对难点有了不同的认识，对题中基础知识的运用、分析和推理方法的选择都会有更深的理解。比如，在复习"数的整除"时，通过看例题，可以分析该题涉及了哪些所学过的知识，有没有别的解题方法等等。学习数学与文科类的科目不一样，要边看边算。在看例题时，可以自己先试着算算，算不出来再看例题的解答。

三、做题

这一点十分关键，做题是检验自己复习效果的过程，同时也是重新学习的过程。数学是一门讲究应用的学科。基础知识只有通过大量的习题演算，才能真正掌握。所以，我们首先要把课本里的基础习题练好，然后再做一些与之相匹配的参考书里的题。做完一道题后，还应再体会一下，想想有没有别的解法，然后再综合比较一下自己的优势和劣势。

在做练习的时候，不会做的题目要把它整理到错题本里，要经常反复地复习这些错误。

四、归类总结

有些同学碰到需要解题技巧的题目时，冥思苦想就是做不出来。造成这种情况的原因既有平时复习得不够，也有平时不注意技巧的总结和记忆，以致在脑海里贮存的解题思路、方法太少。做题不是为了完成任务，而是为了会做。因此做完题目以后，一定要认真总结。如果在复习时，看到一个典型的解题技巧，或者自己在解题时发现了一个很重要的解题技巧，你都可以有意识地把它记在总结笔记里，有机会就翻翻看。

对于基础较好，但是综合题总是丢分的同学，最好每天坚持做几道综合题。找一个本子，每天做几道，一个月就是几十道，一学期下来成绩是相当可观的。在这个过程中，解题技巧也会慢慢随之提高。

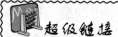超级链接

最好根据个人学习情况，针对薄弱环节进行复习。想检查自己的薄弱环节，可以拿一些题目做一做，看看自己哪些题目没有做出来，题目集中反映的知识点是什么，可能就是这个知识有缺陷，进行一下分析。知识要是有缺陷的话，你就重点复习这个问题。

第三节　听、说、练都抓的英语复习

英语作为一门语言，基本上是一门技能课、实践课，而不是一门理论课、知识课。怎样学好它，要讲究一些门道和方法。学好英语始终要抓听、说、练，三者将读音、拼写和用法融为一体，从而达到良好的学习效果。所以我们在进行课后复习时，也应从这三个方面着手。

一、听

"听"的内容主要由课本同步听力训练和日常听力训练两部分组成。

课文是课本的中心，是语音、词汇、语法知识、听说读写活动

和培养听说读写能力的综合材料，是复习的主要依据。所以，进行课本同步听力训练时，首先要通览课文，提出要点，攻破难点。

学好一门语言，最重要的是能听懂、会表达。练好听力，最好听外国人说的、纯正的英语。我们可以充分利用收音机、复读机和MP3、MP4等资源，练好英语听力。比如，每天你可以找个固定时间听电台播出的《每日英语》《英语听力集锦》等。在听英语时，要抓住一些关键词语，不要强求听懂每一个词，这样才能很快了解大意。

练习听力时，许多同学抱怨听不懂，因而丧失了听的乐趣，往往半途而废。其实，即使听不懂也是一种学习，只不过你自己没有觉察到。虽然暂时听不懂，但你的耳膜已经开始尝试适应一种新的语言发音，这本身就是一次飞跃。所以切记，听不懂时也要坚持听，因为你在进步。

二、说

学口语的最好办法不是做习题，也不是背诵，更不是看语法书，而是反复高声朗读课文，这样做是为了培养自己的语感。只有具备了语感，才能在做习题时下意识地写出正确答案。而且，当你熟练朗读了几十篇课文后，很多常用句子会不自觉地脱口而出，通过这样的练习，你就可以将其运用自如了。

再有，如果你周围有对英语特别感兴趣，并且说得好的亲朋好友，你应该利用一切机会和他们讲英语，好好地听和谈一些你感兴趣的话题，尽量向他们多学习。这样能够增强你的英语听说能力。

寄语家长▶▶▶

　　如果家长本身英语很不错，可以尝试用英语和孩子进行日常的对话。尽可能用孩子所学单词、短语、句型进行对话，同时注意培养孩子听、说、读、写的兴趣。"习惯成自然"，通过长期的练习，孩子的口语和听力一定会取得令人满意的成绩。

　　三、练

　　练习题是巩固基础知识的好方法。目前市场上学英语的材料很多，这给大家提供了更多的选择余地，但处理不好也会带来不良的后果。比如今天用这个材料，明天换另一本材料，学习便会失去系统性。我们要选中一套参考书，以它为主，其余材料可以作为补充。另外，还要根据自己的实际情况选择题型做练习，不要搞题海战术。比如，语音差的同学可以多做些语音方面的题目；写作能力差的同学应该多看些范文、多做些写作练习，自己动手写一写、练一练。

总的来说，做题的精力应该放在自己薄弱的环节上，这样才会取得事半功倍的效果。

英语的知识点相对来说比较分散，而且比较多，记起来比较麻烦，而且比较容易记错，因此在学习的时候就要细致、有耐心。做题的时候要寻找自己的知识结构中有哪些遗漏和错误，并进行及时的改正。如果你觉得词组的记忆特别难，则可以采取后期整理的方法把错误题目抄下来，然后进行分析，弄明白正确的答案应该是怎样的。

有些同学认为学英语最好的方法是背单词，甚至有的同学以能背出一本词典为荣。可以说，词典上的解释是死的，而语言的运用才是活的。机械地记忆单词量再多，也不会真正提高你的英语水平。想要提高英语成绩，必须在一定词汇量的基础上抓好听、说、练，这样才不会出现单词量多但成绩却得不到提高的问题。

超级链接

想要快速提高英语成绩，不只是把单词背得滚瓜烂熟那么简单。我们还要在日常的复习中，做好英语的"听""说""练"，将知识运用到实践里，这样才会取得事半功倍的效果。相信通过努力，大家都能取得理想的成绩。

第四节　注重理解的物理复习

张玉辉最近遇到了一个"麻烦"，就是他们新开了一门课程——物理课。对于这门课程知识的掌握，班里许多同学都不太适应，他也不例外。开始时以为是功夫下得不够，于是他每天背书、做题。

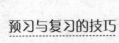

期中考试了，他的成绩并不理想。物理老师在讲试卷时，说的一句话给了他很大的启发，老师说："咱们班有些同学学习很刻苦，但是成绩却不理想。问题很有可能出在理解上。"

的确，这位物理老师提出的问题，在学生中是普遍存在的。可以说，物理是门比较难学的课程。日常复习物理时，我们要在理解上下功夫。那么，如何才能做到理解呢？

一、注重对概念和规律的理解

这两样是物理学习的精髓。理解物理概念关键要知道，这个概念的物理实质是什么、这个概念的作用是什么、和其他概念的关系是什么。比如，复习向心加速度时，首先认识向心加速度是做圆周运动的物体向心分力产生的加速度，向心加速度的作用是改变运动的方向；从向心力和向心加速度的关系着手，确立向心加速度的方向以及和线速度角速度的关系。

智慧锦囊

我没什么办法，只是对于一件事情很长时间很热心地去考虑罢了。

——英国物理学家、天文学家　牛顿

掌握物理规律其实就是掌握规律中各个物理概念间的物理关系。掌握物理规律首先要掌握规律中的各个物理概念、各个概念间有什么样的物理关系、产生这种物理关系的原因是什么。比如，我们复习内力的功与系统总动能的关系，首先要掌握什么是内力的功，内力功的特点，内力做功的计算；什么是系统总动能，什么是系统总动能的变化。再由动能定律的累加运算获得内力的功与系统总动能的关系。从而利用第一步、第二步所得的结论处理一些常见的模型，总结简化模型的处理办法。

二、在易混处下功夫

物理中的一些易混淆的知识点，不是背一背、记一记就可以解决的，而是要进行深层的理解。在复习时，我们可以把自己易混淆的知识记录下来，每一个问题一张纸（也可以做成卡片，方便携带），然后将易混的知识点、相关思考题、解决方法等写在相应的易混淆问题上。比如在学习"升华与汽化"这一节时，可以制作这样的卡片：

升华与汽化

★物质从固态直接变成气态叫升华。

　物质由液态转变为气态的变化过程叫汽化。

★相关考题一（略）

★相关考题二（略）

★解决方案：考虑物体是由固态开始转变还是由气态开始转变；多思考，理解两者的具体差别。

如果你想用固定时间来复习，那么就把这些问题记录在本子上，可以不抄写概念，写下课本的页码就行。如果你想做成卡片，随时随地进行复习，那么就要记得详细一些。

三、和日常生活联系起来

观察生活、注重积累是学好物理的基础。物理中有许多现象是在生活中常见的。比如，水沸腾的时候，气泡上大下小，这是由于气泡内的空气一定，气泡体积越小，承受的压强越大，气泡越往上，水对气泡的压强越小，所以气泡体积就越大；当你向上跳一下，就

回到原地，而不是飞上天。这要用物理中万有引力的知识来解释：地球把我们吸住了，所以才飞不走；你坐在行驶的车上，看到周围的景物向后走。这是用物理中的相对性，把自己看做静止的参照物，那么那些景物就向相反的方向运动等等诸多例子。

我们要在生活中处处留意，时时留心，将复习中所巩固的知识与日常现象进行对比，加深认识。这样，慢慢地就能培养出对物理的感觉了。

超级链接

各门课的特点不一，有的课程记重于懂，只要都记住，懂不懂都能得分。比如，记英语单词、汉字、组词等等。但有的课程，懂重于记，就像物理。虽然记住了概念，但考试时变个花样就不会运用了。我们复习物理时，千万不要忘记这一点，把复习的重点放在对知识的理解上，只有这样才能收到好的效果。

第五节　既动脑又动手的化学复习

小凡学了好几周的化学课了，她每次上完课都会进行及时的课后复习，然而复习的效果却不是很理想。她说："书我认真看了，可是有些问题下节课提到时还是有点遗忘的感觉，难道是我没有用心看书？"

其实化学复习不只是看书而已，应把动脑与动手结合起来，这样才能达到理想的效果。一般来说，多动手实验可以积累直接经验。

我们在进行课后复习的时候，看书当然是不可省略的。看书的过程也应该是思考的过程，除了对相关的问题进行必要的思考外，对于一切可以操作的实验有必要进行一下再次实验。

书本上的实验过程及步骤是前人的经验，课堂上的实验是老师操作的实验。接受前人的间接经验、接受老师的间接经验，这种有

效学习是必要的，但是我们的直接经验的积累也是必不可少的，这要多进行实验等实践活动。

例如，课上提到悬浊液、乳浊液、溶液等不同形态的液体，对于这样的问题，我们可以在家庭环境允许的情况下，自己进行实验观察，了解其形态、性状等。学生通过自己动手进行操作，细致耐心地观察，会形成深刻的印象，不但能在实验中发现它们的特性，还能很好地了解它们的区别与联系。

> **智慧锦囊**
>
> 人们探测知识的疆界，需要很多与开拓者同样的品格：事业心与进取心。
>
> ——英国改革家　贝弗里奇

又如，除了了解课堂上的实验外，我们也可以在课外复习的时候做些有趣的、探究性的实验。例如空气成分的测定，研究一下用什么装置好；用蜡烛、碳、硫磺、酒精棉球、白磷、镁条等进行燃烧实验，观察哪种物质的可燃性较好。如果实验结果与书上的理论相差太远，思考实验结果出现偏差的原因何在。此外，我们还可以进行污水成分的测定、土壤酸碱性的测定、人体呼出气体中二氧化碳含量的测定等。

另外，对于一些化学式，如果很难记住其反应的产物，就可以进行必要的实验。对这些操作难度不大的实验是有必要进行操作的。通过实验，可以加深印象，而且也是再学习，相信自己动手得来的比单纯地看过要记忆更深些。

对于课后的思考题，我们也可以进行必要的实验。例如，"一根铁钉，一半泡在水中，一半露在外面，请问：是露在空气中的部分最先生锈，泡在水中的部分最先生锈，还是处于水与空气界面分界处的部分最先生锈？"对于这样的问题，我们可以通过化学式推导出哪个部分最先生锈，但是为了加深记忆，验证化学式的正确性，我们不妨在家动手做做这个实验。通过自己的现实观察，了解、验证实验的结果，这样岂不是更有成效？

总之，复习化学要勤奋进取，既动脑又动手，在学习化学基础知识和基本技能的过程中，逐步提高自己的动手能力、观察能力、思维能力、自学能力等，以此开心学化学、轻松学化学。

超级链接

　　在进行燃烧实验时，一定要注意安全，防止自己受伤；进行实验时，实验物体的量不要用得过多，能看出实验结果为宜；进行实验时，选择安全系数高的地点进行，周围切忌有可燃物，以免引起家具的毁损或是火灾的发生。

第六节　"四忌"的生物复习

生物是一门非常微妙的学科，需要花大量的时间记忆，然而考查其逻辑思维时，有时甚至比分析物理过程还要复杂。课后的生物复习是学好生物的一个重要环节，学生成绩的好坏很大程度上取决于复习的方法和技巧。针对复习中出现的几个带有普遍性的问题，可以归纳为"四忌"。

一、忌只为"完成任务"

有的同学在进行课后复习时，只是按着老师布置的任务复习，

以为完成任务就行了。只读课文，往往会使我们把握不住重点，甚至走向复习的误区，进而导致复习效果不佳。正确的复习方法，应该是在考虑老师布置的任务下，结合自身对知识的掌握程度，有计划、有顺序地复习，重点问题适当多花一点时间，务必使当天所学的知识"尽收囊中"。

二、忌"死记硬背"

许多同学认为生物课的内容大多属于记忆性的，课后复习时只要下工夫死记硬背就行了。结果在考试中，一旦遇到稍微灵活一点儿、陌生一点儿的题目，就会无从下手。分析其原因，并不是学生没有记住知识本身，而是对知识缺乏深刻的理解，缺乏灵活运用知识去分析问题、解决问题的能力。因此，进行课后复习时，一方面需要对课本的知识进行深刻的理解，牢固记忆；更应该培养学会运用这些知识，以及分析问题和解决问题的能力，决不能以死记硬背代替其他的一切复习。

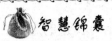

智慧锦囊

为学之道，必本于思。思则得知，不思则不得也。

——宋代诗人　晁说之

三、忌"重文轻图"

在现行的生物课本中，有大量的插图。这些图概括性强、生动直观，是对课本内容的高度浓缩和升华，其作用是语言、文字无法代替的。然而，有的同学在进行课后复习的时候，片面认为只要把课本中的基础知识、基本原理记住，主题文字抓住就行了，那些图只是一些"装饰"，没必要细看。这样的想法是极其错误的。这样复习的结果，必然是事倍功半，成绩不够理想。针对这种情况，在进行复习时，应强调学生读文对图，看图释文，文图活用，读图解题，使图文充分结合。

从近几年生物会考的试题来看，图像和图表分析题都占有相当大的比重。这就提醒我们在复习时应重视课本图像的复习。

四、忌过于"重练习"

有的同学认为，进行生物复习时只要做做课后的习题就行了，对于书本的知识，认为再看一遍不仅没有必要，还浪费时间。这样的想法是错误的。我们在课后复习时阅读课本，可以对所学的知识加以整理和总结，进而巩固和提高。因此，复习中最重要的环节就在于进一步掌握一个个知识点，并逐步形成知识的网络和系统，只有把这一基础打牢固，才有可能进一步提高，而仅仅靠做题是难以达到复习的目的的。适量的练习题，有助于增强学生对所学知识的

掌握和巩固，然而过于"重练习"，就会顾此失彼。

基础好的同学，可以尝试去做一些综合能力较强的题目，以提高自己的应变能力，争取拿高分；基础较薄弱的同学，以基本练习为主，保证不丢基本分，变以量取胜为以质取胜。同时要精选练习题，以"选题要精细，密度要适度，难度要适宜"为准。

我们在进行课后复习时，一定要把复习课本知识与恰当的练习结合起来，把理解好课本上的基础知识放在第一位，而不能过于重练习，以练习代替复习。

总之，只要我们善于总结经验教训，在生物总复习中注意和防止以上的错误，就会尽可能地提高复习效率，取得好成绩。尽力使每一次练习都能有所收获，而不是浪费宝贵的复习时间，影响复习效果。

第七节 "巧记忆"的历史复习

马上就要上历史课了，陈煜面对同桌，无奈地说："我最不善于背东西了，昨天晚上复习了，可是还是什么也没记住。但愿老师待会儿上课别抽我回答问题……"

可以说，历史课几乎是全凭记忆的。只有真正理解了的知识才不会忘记。尽管有些简单的内容可以死记硬背，但复杂一些的内容，光靠死记是不行的，有许多历史知识必须弄明白为什么会是这样、意义何在、有什么影响等等，所以一定要抓住历史现象的因果关系和来龙去脉。

一、善于化繁为简、化难为易

有些历史事件和现象比较复杂，光靠死记是记不住的。我们可以采取一些有效的方法，尽量化繁为简，这样才能熟记。主要的方法有五种。

1. 公式记忆法

在复习一些复杂的历史问题时，我们可以总结归纳出一些像数学公式一样的"公式"，然后按公式来记忆和解答。比如，历史事件＝时间＋地点＋人物＋过程＋结果（或意义），经过＝准备＋发生＋结果；意义＝作用＋特点＋影响，人物＝姓名＋时代＋事迹（包括思想、主要活动或著作）＋影响，作品＝作者＋成书年代＋写作背景＋内容＋意义（或影响）等。用这些方法可以将复杂的内容进行简化概括，形成网络记忆。通过这样的复习，我们再回想的时候只要抓住几个要点，然后进行扩充，就能较快地熟记基本内容。掌握了公式记忆法，记忆重大历史事件、历史人物、古今中外名著方面就能收到良好的效果。

2. 比较记忆法

人类历史是遵循着一定的规律向前发展的。在其发展过程中，各种历史事件或现象之间有一定的联系，同时又受到时间和空间的制约，使其具有各自的特点。对于这样的问题，我们就可以巧妙地运用比较记忆法进行记忆。比较记忆法就是把两个以上具有一定联系的事件或人物进行归类比较，找出它们之间的异同点，这样可以防止张冠李戴。具体的做法为：①把性质相同而特点不同的历史现象进行比较；②把某些表现相似而性质不同的历史现象进行比较，分清不同性质，形成不同概念；③把性质相同，但发生在不同时期的历史事件加以比较，区分异同；④中外比较，例如世界上最先进入奴隶社会的四个国家之比较等。

3. 列表图示法

列表图示法是根据历史事件的特点，用表格图示形式使同类知识前后连贯起来，形成一个系统。它能使众多纷繁的史实内容脉络分明、条理清晰，收到化繁为简的效果。列表法最大优点是简明、醒目，是帮助记忆的一个有效方法，尤其在记忆复杂史料方面作用更明显，例如政治改革（变法）、重大战役、科技文化成就等方面，近代史上外国侵略者的侵华战争、中国现代史上党的重要会议，世界史里的三大宗教、资产阶级革命、两次世界大战等。

有些纷繁复杂的内容则可以用图示法来记忆。例如我国古代史上元、清两代的疆域，辽、西夏、北宋、金、南宋、蒙古这些政权之间复杂关系，若用图示法，则会一目了然。

4. 联想法

联想法分为纵向联想和横向联想两种。

纵向联想法，就是抓住某一历史知识要点，使其前后连贯起来，从点扩展到线，便可记住有关这一历史知识的前后内容。例如复习"第一次鸦片战争"时，我们可以往前追溯，追溯到清代初期的社会形势、经济发展状况、民生景象，然后再考虑"第一次鸦片战争"产生的背景、过程、意义。通过这样的方法，就可以把与"第一次鸦片战争"有关联的整个链条重新理一遍，达到更广的复习面。

横向联想法，就是把中外发生在相同时期的不同历史事件或不同时期的同类历史事件联系起来。例如复习中国的甲骨文时，就可以把埃及的象形文字、两河流域的楔形文字和欧洲的拉丁文字联系起来进行复习。

智慧锦囊

任何倏忽的灵感，事实上不能代替长期的工夫。

——曹勇鹰

5．串字法

我们可以对有并列关系的事件或人物用串字法来进行记忆，即将有关内容按课文前后顺序串联起来，只记住其每一内容的第一个字即可。例如王安石变法的五项内容可简化为"青、募、农、方、保"（青苗法、募役法、农田水利法、方田均税法、保甲法）。用这种简化法可较快地记住课文内容。

二、巧记人名、地名、年代

对于历史课来说，需要记忆的人名、地名、年代较多。这就要求我们在复习的时候多卜一番功夫。记人名、地名、年代同样有比较可行的科学记忆方法。

1．记人名

历史上的一些重要人物的姓名是必须记忆的，我们可抓住一些人物的特征来加强记忆。例如唐代的帝王大多姓李，明代的帝王大多姓朱。

记人名可以用串字法和谐音法，用这两种方法记外国人名字尤为适用。谐音法就是将外国人的名字按照它的同音汉字去理解，使原来无意义的音节成为有意义的名词或词组，便于记忆。例如佛教创始人乔达摩·悉达多，刚接触时，不好读，更不好记，如果把它简化为"乔大麦'喜打多'"，这样就好记了。

对历史人物不仅要记住读音，还要书写正确，若写错别字，则

前功尽弃。如把齐桓公的"桓"写成"恒",把秦始皇嬴政写成"赢政"等等,这样会闹笑话的。

2. 记地名

历史学习中常常要记许多地名,尤其是古今异名和外国地名,更使人头痛。那么,如何记住这些地名呢?

在学习有关历史的地名时,一定要借助地图册来加深理解和掌握地理方位,以形成正确的空间印象。不但要记住地名,还要仔细看古今地名对照表,才不会将古今名称相同其实并不是同一地方的地名弄错。

3. 记年代

历史上重要的年代肯定不能忽视,那么,如何才能既多又快地牢记历史年代呢?

首先,分清公元前和公元后,掌握年代与世纪的换算法。如果是中国史,只要抓住公元 8 年王莽改制这件事,凡发生在它以前的(即以西汉为界)都是公元前,在此以后的都是公元后。一个世纪是 100 年,例如夏朝建立于公元前 21 世纪,不是公元前 2100 多年,而是公元前 2000 多年;1640 年英国资产阶级革命是 17 世纪,而不是 16 世纪。

> **超级链接**
>
> 历史课有很多需要背诵的东西,人物、事件、年代、一些史料的要点等等。有些材料,只能"死"记,要多次反复强化记忆。历史课是一门记忆量比较大的学科。但是在考试时,却要把记住的材料灵活运用,这就不仅要记得牢、记得死,还要理解、理解得活——是谓"死"去"活"来。

其次，可以利用数字的特征来记忆。有些年代的数字很特殊，如果将它编排在一起，就容易记住。自然数排列：1234 年，蒙古灭金；1789 年，法国资产阶级革命开始。两位数字相同的：1818 年，马克思诞生；1919 年，"五四"运动爆发。首尾数字相同的：公元494 年，北魏孝文帝迁都洛阳；公元 646 年，日本大化改新。

第八节 "纵向递进、横向拓展"的地理复习

地理学科的研究对象是地理环境以及人地关系。而地理环境是许多环境要素综合作用的产物。这些环境要素，既有各自发生发展的过程和组成因子，又处于与其他要素相互渗透、相互作用、相互制约的"大环境"之中。因此，进行地理复习时，可以根据事物形成和发生发展的过程或主导因素，课本的先后程序等等，理出知识结构的纵向中轴系统。然后，对中轴系统上的每一个组成部分，排列出该部分知识的横向组成的因子，并逐一进行阐述。

这样做一方面可以将分散的知识串联成一个整体，形成完整的知识结构。另一方面对于基础较差的，能掌握这些轴线，也就等于了解了轮廓；而对于基础较好的，抓住这些轴线，就等于抓住了地理知识的纲。我们将这种复习模式称为"纵向递进、横向拓展"模式。

那么，我们该如何运用这一模式呢？

一、建立纵向递进中轴线

纵向递进的中轴线应根据复习的目的，针对具体的章节建立章节一体的结构。一般来说，可以根据不同的思路建立多个系列，使其相辅相成。

1. 根据地理课本和认识规律建立的中轴线。这种方法是建立在认识事物由远及近、由表及里的规律之上的。因此，在进行复习时要注意突出主题，例如地形、江河、海洋、地壳等。

2. 根据事物形成的主导因素建立中轴线。比如，关于对地球的认识，可以这样进行复习：地球在太阳系中的位置→地球外部的能量→大气状况→水体形态→地壳物质的变化迁移→生命物质的形成和活动→地表的自然环境→人类生产活动→地理环境。在此关联中，水是影响生命物质的主导因素，但水也溶解了地壳物质，为生命体提供了丰富的营养物质及有机成分。

3. 沿着章节的某一重点或某一观点建立中轴线。比如，复习"人口与人种"时，可列为人口的现状→世界人口的分布→人口问题→不同的人种。在此关联中，人口数量是主要的因素。

4. 章节单元复习建立的中轴线。比如复习"地球的大气"时，可列为：大气的组成→大气分层→大气热量→大气运动→天气与气候→人类活动与大气状况。

二、横向拓展方法

这里所说的拓展，是指围绕纵向中轴线的某一问题沿横向展开。这种展开有不同的方法，归纳起来有四种。

1. 问题式横向拓展。这样的拓展还可以用程序法，提出更多的问题、以扩大自己的知识面。通过提出问题，解决问题，考查自己的复习效果。

2. 分解式横向拓展。这种方法是先列出总体的纲要，然后对每一部分进行尽可能地拓展，以此将知识点逐个击破，从而达到复习的目的。

3. 包含式横向拓展。这种复习方法有这样几个优点：①采用了与新课不同的方法，学生不易厌倦，不会感到"老调重弹"；②完全打破了课本的编排顺序，理顺老师和学生的思路，切合各自特点整理学科知识系统，既可以训练学生的综合能力和概括能力，又是一种学习方法的探索；③沿纵向轴线可以探索事物之间的内在联系；④通过横向拓展，可以将初中与高中、人文与自然地理知识联系起来，还可引入其他学科方面的知识；⑤通过这种复习，促使学生形成直角坐标系结构式的地理知识体系。

在进行复习的时候还应做到边想边描，使想象中的地理事物的空间结构、空间分布规律同地图结合起来，这样使地理概念和地理空间分布规律更清楚、更明白，可以使地理知识更牢固。

地理课后及时复习，对于巩固记忆是十分重要的。它能使要记忆的内容记得更牢，记得更久。那种平时不注意复习，等到考试前才进行突击的做法是不可取的，当然也不能有什么大的效果。

超级链接

地理知识的空间性强，如果能在大脑中留下记忆点，这样必然是最深刻的。在地理课的复习中，鲜明的直观感受往往来自地图册、课本中的插图、地球仪等。在复习的过程中，要充分利用这些直观手段，以收到"一经过目，终生难忘"的效果。

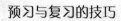
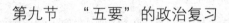

第九节 "五要"的政治复习

"政治课我每次都进行了及时的课后复习，可是这次的成绩怎么这么不堪，真是让我伤心至极……"张雨涵向同桌哭诉道。

为什么会出现这样的情况呢？一般来说，政治课内容多，课时少，课后复习的任务重。提高复习效率自然成为首要的问题，经归纳总结，政治课应遵循"五要"的原则，只有这样，才能收到良好的效果。

五要是指：要有大纲，切忌"骑瞎马"；要讲整体，切忌"打游击"；要讲联系，切忌"漫撒网"；要讲方法，切忌"炒剩饭"；要有针对性，切忌"题海战"。接下来，我们看看"五要的具体内容。

一、要有大纲，切忌"骑瞎马"

我们在进行政治课的复习时，首先一定要有明确的目标，紧扣书本，这是复习的出发点。有没有明确的目标，将直接关系到课后复习的成败，关系到学生的素质、能力和觉悟能否得到有效的培养和提高。在复习中，要把握好：①对于应该"识记"的内容，要在理解的基础上加以记忆。我们要努力激发自己去思考和体会，避免单纯追求"死记硬背"式的机械记忆；②对"理解"类问题的复习，要充分发挥主体作用，打破传统的"听老师讲，按老师说的记"的模式；③在"运用"和"活动类"问题的复习中，应积极参加活动，在活动中做到收集信息、交流认识、讲述体验、评价事件、讨论各自的看法，尤其要注意培养自己的观察、分析、比较、综合能力以及参与活动的积极性。要善于把"标准"和"材料"结合起来，联系实际自编一些材料题、图表题和分析论述题。

课后复习一定要有明确的目标，应事先做好周详的复习计划，对先复习什么、后复习什么、怎样复习等方面的问题都要科学安排、合理部署，做到心中有数、有条不紊，切忌没有目标地"骑瞎马"。

二、要讲整体，切忌"打游击"

政治课的复习要坚持"由点入手，串点成线，联线成面，组面成体"的"点线面体"结合的原则。首先，由知识点入手，抓构成课本内容的基本概念、基本观点和基本原理的复习和过关。其次，把各知识点之间按照一定的内在联系串成知识线索，形成完整的知识体系。再次，在点线复习的基础上，可把课本的知识点，按性质或特征分门别类，并在每一个类别中划分出若干小层面进行复习。例如：关系类、含义类、区别类、标志类、意义类、国情类等。最后，用图表等方法，将众多的知识点、知识线、知识面有机地联系起来，形成有机的知识整体。

上述四个方面是紧密联系、相互渗透的。其中"点"是基础，"线"是关键，"面"是升华，"体"是目标。在进行整理的复习中，我们要充分运用分析、综合、概括、归纳、比较等手段，构筑知识的"总体框架"，避免"东一枪，西一炮"地"打游击"。

三、要讲联系，切忌"漫撒网"

理论联系实际是政治课的生命和灵魂。我们在复习时要联系国际社会和我国社会现状的实际，用已有的学科知识去辩证地认识问题和分析问题。近年来，政治的命题，以加大力度考查学生理论联系实际的能力为重点进行了改革。在考查基础知识的同时，较多地采用了"材料"和"分析说明"等主观性试题。

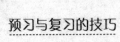
因此，我们在复习中，在努力提高自己的认识能力、理解能力、判断能力、分析能力的同时，还要增强联系实际的意识。例如：日常生活中的经济现象、党和国家重要的方针政策、国内外的重大政治事件、建设和谐社会的基本要求等都可以成为理论联系实际的新颖活泼的好素材。

另外，要尽可能地参加丰富的社会实践和社会调查，多看新闻、多听评论，以培养自己联系实际的能力。在联系实际方面的复习中，对于政治课的重点、难点、热点内容要"猛敲重击"，突出重点、抓住关键，切忌"漫天撒网"的复习方式。

智慧锦囊

做学问的工夫，是细嚼慢咽的工夫。好比吃饭一样，要嚼得烂，方好消化，才会对人体有益。

——无产阶级革命家　陶铸

四、要讲方法，切忌"炒剩饭"

"填鸭式"的教学方式通常是对学生进行硬灌输，这样的结果往往是"事倍功半"。因此，我们在进行课后复习时一定要讲方法：①发挥主体作用。我们要注重激发学习兴趣，调动学习的主动性；②课后积极讨论。我们在复习时除了识记书本上的知识外，还应关注广播、新闻热点话题、网络视频等，与同学和家长就某些问题进行讨论，踊跃阐述自己的思想和认识，切忌只是思考书本上现成的问题；③认真学习恰当的学习方法。不论是"从薄到厚"，还是"从厚到薄"，恰当的学习方法是复习成功的重要保障。我们要努力领会各种题型的解题技巧和思维拓展的方式。

另外，在复习时，不仅要多角度、多层次、全方位地巩固旧知识，还应对原有知识进行查漏补缺、横向拓展、纵向深化。切忌把复习变成只是简单地、机械地重复原有内容的"炒剩饭"。

五、要有针对性，切忌"题海战"

课后复习时安排的训练题要有针对性。练习和测试是巩固和消化知识并使之转化为能力的重要途径，但练习必须是"精练"和"巧练"。首先，应精心选题、拟题，适时、适度地训练，切忌做题过量。其次，结合重点和热点问题，分门别类，讲练结合，"各个击破"。例如，为了做好主观题，就要有针对性地加强自身的思维训练，对于判断说明、问答题、分析说明、小论文题等题型，要强化训练。最后，应及时发现问题，纠正错误，学会正确的解题方法。要合理分配复习时间，勿搞"题海战术"，以免浪费时间和精力。

综上所述，在政治课的复习中，只要我们善于抓住本学科的特点，采用切实有效的方法，就一定能达到复习的效果，提高学习成绩。

寄语家长 ▶▶▶

对于孩子看电视的时间，家长要起到监督作用。同时，家长应该认识到并不是一切的节目都是浪费时间、影响学习的——新闻、时事政治、国内外形势报道、热点话题的讨论等方面的节目对孩子的学习会起到帮助作用。这类节目可以扩展他们的思维，将政治理论和时事巧妙地结合在一起，可使孩子有更多的收获。

第八章　及时改正课后复习的偏颇

　　课后复习的效率高低取决于复习时的心态和复习习惯，有好的心态固然重要，但是不良的复习习惯会使你事倍功半，甚至会影响、打乱你的复习计划。本章从课后复习时应注意的问题入手，帮你纠正不良的习惯，希望每一位学子都能从中受益，进而取得理想的成绩。

第一节　复习应及时

　　李亮是某中学的学生，平时学习成绩优异，但又看不出他的学习比其他同学更费力气。在一次班会上，老师让他给班里的同学介绍自己的学习方法。他介绍了这样的经验：在开始学习的时候，父母就有意识地培养他及时复习的习惯，要求他除了把老师布置的作业完成以外，还必须把老师当天的讲课内容在脑海里过一遍，不懂的地方一定要在当天弄明白。原来，这就是他学习成绩一直优异的关键之处。

　　一般来说，许多同学在听课之后，不管是否已经理解和掌握所学的知识，就埋头做作业。他们把做作业看成是课后唯一的学习任务。实际上，这种做法忽视了及时复习这个重要环节。按照学习的正常程序，课后应当首先及时复习当天上课的内容，然后才去做作业。

　　根据艾宾浩斯遗忘曲线，遗忘是在学习之后立刻发生的，以后

随着时间的流逝而逐渐变慢。根据艾宾浩斯所总结的遗忘规律，首先要注意到遗忘是立刻发生的，而且此时遗忘率最高，所以一定要及时复习，通俗地讲，就是要"趁热打铁"。不知你是否注意到，这节课讲过的东西，到下节课再来提问的时候，很多学生都会急着去翻书翻笔记，这就是没有及时复习，使得所学的知识被迅速遗忘了。

进行课后复习的时候，应尽可能地让上课与复习之间的时间缩短，这样能够清晰地回忆起老师所讲的内容，也就能更好地记住自己所学到的知识。

超级链接

及时复习的优点在于可加深和巩固对学习内容的理解，防止在学习后发生的急速遗忘。根据遗忘曲线，识记后的两三天，遗忘速度最快，然后逐渐缓慢下来。因此，对刚学过的知识，应及时复习。随着记忆巩固程度的提高，复习次数可以逐渐减少，间隔的时间可以逐渐加长。要及时"趁热打铁"，学过即习，方为及时，忌在学习之后很久才去复习。这样，所学的知识会遗忘殆尽，等于重新学习。

及时复习是将知识结构化、系统化以便记忆，同时概括出本节课所学的知识要点，该理解的理解，该记忆的记忆。通过课后的及时复习，可以进一步了解这节课的学习重点，哪些已经得到掌握，哪些还比较模糊等问题。

课后及时复习时，要做好四件事：尝试回忆、精读课本、整理笔记和选读参考书。

第一步，尝试回忆。即合上课本和笔记本，在听课的基础上，把所学的内容回忆一遍。回忆是一种积极主动的学习活动，需要高度集中注意力，把学过的知识在头脑中再现一遍，从而巩固所学的知识。这样既可以检查听课效果，又可以加深对知识的理解，还能养成勤于思考的习惯。

第二步，精读课本。尝试回忆后，应该从头到尾地去精读课本，因为课本中写的是需要记住的最基本的概念和最基础的知识，必须认真阅读。对已经理解和记住的部分，不用再花过多的时间，要把时间花在回忆时想不起来或记不清楚、印象模糊或记忆错误的部分。

看的时候要随时在书的空白处写上简要的带有提示性、概括性的词语，以便再查阅时从这些批注中迅速地得到启示，回忆起书中的关键内容。

第三步，整理笔记。笔记本除了要用来做好上课的记录外，还应当在平时不断地加工，把笔记本变成在复习时真正有用的宝贵资料。

整理笔记要先把上课时没有记下来的部分补上，再把记得不准确的地方更正过来，以保证笔记的完整性和准确性。然后把笔记本上记录的疑点弄明白，如果需要，把有关内容补进笔记本内。

第四步，选读参考书。选读参考书是一种知识扩展和延伸的自主性阅读。在不能很好地理解课文内容、笔记缺漏的情况下，可以向参考书寻求帮助。即使掌握了基础课本知识，选择与课文知识同步的内容进行阅读，对于加深课文知识的理解还是有好处的。要通过查阅参考书，解决自己的问题，深化所学知识的理解，从而扩大自己的知识面。

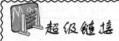

超级链接

　　"趁热打铁"出自老舍《四世同堂》："他觉得老大实在有可爱的地方，于是，他决定趁热打铁，把话都说净。"意思是说铁要趁烧红的时候打。比喻要抓紧有利的时机和条件去做。

　　我们的学习也要及时地进行复习。及时复习时间的长短没有具体规定，可以根据学习的难易程度和自己的理解能力来定。

第二节　复习不可忽略基本内容

　　赵晓瑞在复习时一般不再复习书上的基本内容，只是一味地注重做难题、偏题。她认为："如果这些题我都攻克下来了，那么，考试的时候肯定会万无一失了。经过这样的训练，除了难题我不怕外，我的考试时间肯定也会更充裕。至于那些简单的内容就没必要看了，因为老师课上已经讲过了……"

　　其实，这样的想法是极其错误的。进行课后复习，应该在基本内容的基础上进行延伸、扩充，而不是一味地追偏、求难。试想：基本的内容都没有理解掌握，要想运用其解决问题，或在其基础上进行难点的攻破，难度是多么大！

　　复习时要做的事很多。有一大堆复习资料等着我们去做。千头万绪抓根本。什么是根本？就是基础。基础知识和基本技能技巧，是教学大纲也是考试的主要要求。在"双基"

的基础上，再去把握基本的解题思路。解题思路是建立在扎实的基础知识条件上的一种分析问题、解决问题的着眼点和入手点。再难的题目也无非是基础东西的综合或变式。在有限的复习时间内我们要做出明智的选择，那就是要抓基础。

智慧锦囊

学习要抓住基本知识，即不好高骛远，而忽略基本的东西。喜马拉雅山是世界第一高山，因为它是建立在青藏高原之上的一个高峰；假如把喜马拉雅山建立在河海平原上，8000 米的高峰是难以存在的，犹如无源之水、易于枯竭。

——现代教育家、革命家 徐特立

例如，许多同学在课后复习时对数学基础题没有给予足够的重视，认为题目看上去会做就可以不加训练，结果常在一些"不该错的地方错了"。不能把造成实际成绩与心里感觉的原因简单归结为粗心大意，从而忽略了对基本概念的掌握，对基本结论和公式的记忆及基本计算的训练和常规方法的积累。

可见，数学的基本概念、定义、公式，数学知识点的联系，基本的数学解题思路与方法，是课后复习的重中之重。我们在掌握基本知识点的基础上，必须对基本的解题思路与方法进行小结与归纳。上课时要把老师解题的方法，主要是数学思维方法学到手。每个学生必须对数学基本题的要求及应答方法、技巧做到心中有数。只有这样，才能在攻克难题时有基础可依。

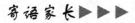

寄语家长▶▶▶

　　孩子在复习的过程中，常常会忽视基本内容，总认为老师上课已经讲过了没什么好复习的，只要自己做一些题就行了。针对这样的心态，家长应及时对其进行纠正，因为考试题目是在基础知识的考查上进行延伸的。

　　如果不能确定孩子对基本内容掌握的程度，你可以对其进行提问或是与其进行讨论，以此了解他的学习情况。

　　我们在进行语文的复习时，对于古诗词过关，对于每句诗词应在理解的基础上进行背诵，在背诵的基础上进行默写；对于文言文过关，应背诵规定篇目，归纳主要知识点（包括常用文言实词、虚词、通假字、词类活用、古今异义词、一词多义等）；对于现代文过关，应背诵规定篇目，归纳主要知识点、挖掘文本的写作价值。在不理解字词、语句等的基础上进行的背诵，即使背得滚瓜烂熟也是无用，这样的表面记忆只能瞒过老师上课的提问，对于具体考试中的应用是毫无用处的。

　　在进行写作方面的复习时，应该坚持动手的原则。不要觉得简单，认为其只是对基本内容的重复，而忽略了练习。长期不动手，久而久之，你的写作能力只能逐渐"退化"。

　　总之，基本内容是不可忽视的，只有在掌握了基本内容的基础上，我们才能向难点、难题提出挑战。眼高手低的心态是千万要不得的。

超级链接

　　不管哪个学科，如果不去复习，成绩都有可能下降，要注意各科同步复习。制订复习计划的时候各科都要有安排，但是要有重点，让好的更好，弱的有起色。只抓好的和只抓差的都是不科学的。

第三节　避免疲劳过度的复习

　　每天，学生们都有各种各样的预习、作业、复习等功课要做。对大家来说，这些都是很重要、很紧张的。但是，休息也是一件很重要的事，所谓"文武之道，一张一弛"。所以，复习时应该注意劳逸结合。

　　然而有的学生认为，劳逸结合是不需要休息的，文科看完看理科，理科看完看文科，累了可以换一本书，换换脑子就可以了。但是，即使这样，大脑也有疲劳的时候，如果长时间得不到休息，学习就会事倍功半。复习，也是如此。

　　我们在制订复习计划时，最好还能留有一定的运动时间。因为

身体是革命的本钱，这个道理大家都懂，但是却很少有人能真正做到这一点。不要让"忙"成为自己的借口。我们要养成习惯，每天坚持 15～30 分钟的体育锻炼，确保自己处于最佳的学习状态。

在复习了一定的时间，复习内容也告一段落的时候，我们就可以做些自己平时喜欢而又不会太消耗时间、精力的事情。这个时候，可以听听音乐、看看漫画书或者笑话书、翻翻报纸、看看新闻、下下棋；也可以在家周围散散步，感受一下大自然的气息。

超级链接

美国科学家在过去 35 年内对 400 名 21～84 岁的成年人进行了语言能力、感觉速度、空间定向，以及计算思维等方面的测试研究。结果表明，25% 常参加运动锻炼的人，在智力和反应方面都明显高于不参加锻炼或极少参加运动的同龄人。运动锻炼何以能益智健脑？请看下面的解释。

运动可以提高血糖含量：大脑活动所需的能量主要来源于糖。大脑本身储备的糖极少，只有当人体血液每 100 毫升中血糖达 120 毫克时，脑功能活动才能正常，如果血糖降至每 100 毫升 50 毫克左右时，人就会疲乏、思维迟钝、工作效率下降。食物是血糖的供给源，运动能使人食欲大增，消化功能增强，可促进食物中的淀粉转化为葡萄糖，并源源不断地提供给脑神经细胞使用。

大脑需要氧气和其他营养物质。科学实验表明，经常做运动的人，心脑血管会更具有弹性，血液循环也更加通畅。研究数据显示，经常做运动的人，其血液循环量比一般人高出 2 倍，这样能够向大脑组织提供更充足的氧气和营养物质，使大脑活动更自

如，思维更敏捷。

运动也是一种积极的休息方式：适量运动时运动中枢兴奋，可有效快速地抑制思维中枢，使其得到积极的休息。有人做过实验：思考的神经连续工作 2 小时，然后停下来休息，至少需要 20 分钟才能消除疲劳，而用运动方式则只需 5 分钟就消除疲劳了。这说明运动确能使大脑的紧张状态得到缓解。这有助于大脑思维功能的合理应用，促使工作、学习效率提高。

学习效率的提高最需要的是清醒敏捷的头脑，所以适当的休息、娱乐不仅仅是有好处的，更是必要的，是提高各项学习效率的基础。大脑经过一阵调整之后，会以全新的"面目"面对书本。我们再进行复习时，效率会明显提升。

根据个人的学习习惯，有的人在下午复习时没效率，可以在晚上进行复习。然而，晚上复习，要特别注意不能"开夜车"。我们在制订复习计划的时间时，应该充分考虑睡眠时间———一定的睡眠时间对我们来说是必须的。如果晚上预留的复习内容太多，势必会延伸到很晚，不可避免地要影响休息。其实我们可以提前复习的时间，尽量做到不影响正常的休息。

如果晚上熬夜"开夜车"，自己精力又有限，对白天的学习是相当不利的。晚上熬夜会使得第二天精神不济、大脑疲乏、眼睛肿痛、思想不集中，进而严重影响听课效率。况且，我们的复习是建立在老师的讲课内容和课堂指导的基础上的，如果上课不能有效听讲，课后复习就会云里雾里，一时摸不着头脑，就要花很大的力气自己研究课本上的知识，这样就得不偿失了。

你还在熬夜学习吗？你早上老是不精神、迷迷糊糊吗？你一到课间休息时间就趴在课桌上小睡一会儿吗？上课时你总是无法集中注意力吗？如果你有以上的状况，就请从这一刻就进行改进。复习固然重要，可是别让疲劳过度的复习影响你的身体和精神状况，让我们拒绝疲劳过度的复习，以饱满的精神状态迎接更加高效的学习。

寄语家长 ▶▶▶

　　对孩子晚上学习时间的把握，家长可以起到引导作用。不能片面地认为他（她）多学才能取得好成绩，才能到达你们期待的名次。第二天的学习不可忽视，孩子的身体也很重要。千万不要让"开夜车"的恶性循环再继续下去了，尽早地纳入正轨才是上策。

　　除了晚上不熬夜、定时就寝外，中午还应有午睡的习惯。充足的睡眠、饱满的精神是提高效率的基本要求。

第四节　复习应有目的性、针对性

小欣："你回家都复习今天所学的课程吗？"

小然："当然了，老师不是说要复习的嘛！"

小欣："那你平时都怎么复习呢？"

小然："嗯，把今天讲的看一遍。"

小欣："这样有效果吗？"

小然："有吧，总比不看书强吧……"

由此可以看出，小然的复习没有一点儿目的性和针对性，这样只是完成任务式地看一遍书，所起到的作用可想而知。

我们在进行课后复习时，一定要心里有"谱"。课后复习是为了

预习与复习的技巧

理解所学的知识，还是为了巩固所学的知识，或是为了进一步探究新的知识，都应该心中有数、有的放矢。同时，要针对自身的学习情况，确定复习重点，找出自己知识体系中掌握较差、运用不熟练的环节进行重点复习。另外，还要依据复习内容的主次、难易程度等做重点复习，对有的知识自己没有把握，就要重点突击，非攻下不可。

超级链接

　　很多同学在考试的最后阶段专攻自己平常比较差的一两门，其他的科目他们觉得是自己的强项，根本不去看。还有很少部分同学，专攻自己的"强项"，把"弱项"舍弃了，觉得反正怎么复习都那样，这么短的时间不会再有提高了。成绩出来以后，他们的总成绩都不是很理想。我们不能随意地舍弃哪个科目，总成绩的提高不是一两门自己的强项科目就能挑起来的，况且长期的偏科只会给自己带来不可挽回的结果。如果考前没有太多的复习时间，何不在平时多将"弱项"提拔提拔？运用本书所讲的复习方法，坚持平时的复习训练，相信你的"弱项"终会扭转"身份"的。

复习有了目的性和针对性，有以下几个方面的好处。

一、节约时间

　　我们在复习时，对每部分的内容不应"同等对待"，也不必花均等的时间。有的知识比较简单，早已掌握了，这时就可以走马观花；有的知识虽然较难、较深，但已经比较牢固地掌握了，就可以一"扫"而过。我们应该将时间花在值得研究的问题上。

二、提高学习效率

对重点、难点内容我们应尽量花时间将其攻破，只有这样，课后的练习才能易如反掌地解决。攻破了重点、难点，我们接下来的学习才会一路畅通，不至于被前面的旧疙瘩阻挡。

对于重点应吃透，并尽可能地在实际中进行运用。对于难点则要努力攻破，一方面可以结合课本中的内容进行理解；另一方面同学之间可以加强交流，在交流中解决这些难点。而复习更重要的是查漏补缺，我们决不可轻易放过任何一个一知半解的疑点，任何问题在我们的头脑中都不应是模棱两可的。

三、不做"无用功"

复习有了目的性和针对性，就能很好地解决那些该复习到的问题，这样就不至于走马观花、心无所思，导致做"无用功"了。

值得一提的是，制订课后复习的策略时，别忘了扬强扶弱。有的同学是只补弱的，忽视了强的；有的同学是放弃弱的，专攻强的。从整体看，都不明智。强的里面不要有"水分"，弱的里面要有突破，这大概是十分高明的策略了。

总之，课后复习应带着一定的目标进行，这样才会在不浪费时间的前提下有所收获。通过有效的复习，从而取得优异的成绩。

超级链接

在复习的过程中，我们可以适当地和家长进行讨论。讨论应以个人钻研、独立思考为基础，事先要有准备。讨论中也要努力开动脑筋，不能有依赖思想。讨论应有明确的中心，人数不宜多，两三人即可，而且要和个人的学习安排结合起来，只有这样才能起到促进复习的作用。

第五节　复习方式应多样化

课后复习不应该是机械地重复。复习方式的多样化表现在四个方面。

一、动员多种感官参与复习

除了背诵、抄写、做练习题之外，还可以用回忆、自我提问、举例说明、比较分析、材料对照、绘制图表等多种方式进行复习。

我们可以结合绘画进行复习，比如，复习某个物体的力矩与力臂时，我们就可以结合自己绘制的图加深印象，达到良好的复习效果。

二、整理和复习时的形式要多样化

复习时应运用多种方法和策略，揭示知识之间的联系与区别，并掌握相关规律，认识事物的本质，达到整理有序和复习有效的目的。这样才能理解知识的的同时，多方面地发展思维能力、个性品质、情感态度等。

三、注意合理安排

我们应对所学内容做到及时复习，文理应交叉进行。确实，对我们的大脑来说，学习文科和理科，调用大脑的部位不一样。因此，在长时间的复习过程中，科目应交替进行，让大脑的不同部位交替休息，避免大脑过度疲劳，这是有利于学习的。

例如，历史的复习注重记忆，在进行过一阵枯燥无味的背诵后，不妨换一本物理书，看看某个原理，思考其内涵。由于人们对"新鲜"事物的注意力较集中，也许艰涩的物理原理片刻就会被你攻破。尤其不要整个晚上都复习同一门功课。实践证明，这样做非但容易疲劳，而且效果也很差。

寄语家长▶▶▶

在家里，父母可以鼓励孩子用图表来表示新旧知识之间的联系，或者采取编写提纲的方式总结学过的内容。有的父母只是帮孩子听写、看看题目的对错，这种帮助是表面的。父母最好是能够参与孩子复习的全过程，比如和孩子一起思考数学题、交流彼此的解题思路。只有这样，才能了解孩子是否有知识漏洞。

除了孩子平常的背诵、抄写之外，父母还可以指导孩子运用自我提问、举例说明等多种方法进行复习。复习中还要不断增添新的信息，让孩子把过去学的和今天复习的感受、认识加以比较、分析，发挥思维的灵活性和创造性，力求每复习一次都有新收获、新创见。

四、避免机械单调地复习

长时间机械单调地复习，大脑容易疲劳，难免会失去兴趣。所以要采取多种手段，例如让新旧知识内容加以对比，从中发现异同点；学英语时，听、读、讲、写等交叉混合使用，避免某一形式长时间单调地进行。背英语课文时，时间稍一长，大脑就会"麻痹"，背来背去也难以滚瓜烂熟，此时可以采用对话表演的形式，在生动的场景及形象的动作、表情的帮助下，就会很容易融入到课文的主题中，这样背诵，很快就可以将课文铭记于心。

形式多样化的复习可以充分调动学生的学习积极性，让学生在生动有趣的复习活动中经历、体验、感受学习的乐趣。

总而言之，课后复习的方法多种多样，不同的方法适用于不同的人，我们应在实际运用中找到适合自己的复习方法，同时应注意不断地变换自己的复习方法。有时我们常会感到一种本来十分灵验的方法经过一段时间后变得不再灵验了，这就要求我们及时地改变方法，以不断提高复习的效率。

当然，进行课后复习时适当地做题是必不可少的，但最好选比较典型的题目，这样，在练习中既可以使知识点得到巩固，又可以使运用能力得到提高。

超级链接

以记忆为主的学习内容，如英语的单词记忆、语文的背诵课文、历史事件的识记等，都要依靠多次重复以强化记忆，要想高效地记忆，最好分散复习。集中复习时，可以将性质不同的课程（如历史、地理、数学、物理）交替安排，穿插复习，使大脑神经区得到轮换休息。这样做大脑的工作效率才会高。

第六节　纠正错误要及时

有个名叫张璇的年轻人，花钱在村里承包了一片鱼塘养鱼。一天一名老乡告诉他说："你家鱼塘的堤坝裂了好几个口子，你赶紧去看看，修补一下吧。"张璇听后赶到现场，可他发现眼前的这些裂口不过是些小缝，鱼儿那么大，根本就没法逃出去，至于池塘里的水，就算少一些也不碍事。再说了，这天又闷又热，干起活来多累呀，不如回家阴凉着好。于是，张璇怀着侥幸的心理回家了。

没想到第二天傍晚时，天上电闪雷鸣，下起暴雨。在大雨的不断冲刷下，堤坝上的裂缝越来越大，最终本就脆弱的堤坝因不堪蓄水压力，瞬间塌陷出了一个大口子。等张璇赶过来，哪儿还来得及？池里的鱼苗早就顺着水流跑光了，他半年来的心血就在一夜里付之东流。

这个故事告诉我们，小的错误不能及时纠正，就会酿成大错，不仅要及时纠正生活方面的错误和缺点，学习上也同样如此。有些同学在平时就爱犯一些小错误。比如：每写完一个单词就点一个小点儿，写字时的笔画不正确，数学算式的单位不带，历史作业中的名称经常用简称……这些不良的习惯如果不及时改正，日积月累，量变到一定的程度，就会发生质变，等到因此而在小考、中考中失利时，后悔就来不及了。为了不让此种情况发生在自己身上，我们必须做到有错必纠、出错必改。

超级链接

进行课后复习时做错了题，一定要弄明白，绝不放过，保证下次这个错误不再重犯。失败是成功之母，从失败中得到的越多，成功的概率就越高。失败了的东西要成为我们的宝贵财富。

在复习的过程中，我们会发现许多错误，这个时候应该及时地更正，看看为什么会发生这样的错误，以后怎样避免，不断地加以总结。

起初的错误在脑海中的印象还不是很深，如果我们及时解决，可以免受更大的"损失"。

例如，语文课上，我们在开始学习动词、介词、副词等词的词性时，没有分清介词和副词的区别，在课后复习时发现了问题，也没能及时纠正。那么，在接下来的短语学习中也迷迷糊糊的，再往后学习句子成分的划分，由于之前的基础知识不牢靠，甚至由于错误知识的引导，划分句子成分可能就会错误百出。这种情况延续下去，轻则在考试时拿不到与此相关的题的分，重则影响自己以后的写作。

及时纠正错误，可能只需花几分钟的时间。马虎大意、不以为然，到其"根深蒂固"的时候再加以纠正，就不是当初的一个小小错误而已，而是一项十分浩大的"工程"。不仅要花费大量的时间，并且会使得与之相关的知识都作废。

对于错误，你及时解决了吗？如果没有，从今天起，就立即消除错误，斩断其蔓延的"根须"。在今后的复习中，碰到错误要及时解决，并将此点铭记于心，这样你才能获得更大的收获，取得更加优异的成绩。

超级链接

"防微杜渐"出自南朝宋范晔《后汉书·丁鸿传》："若敕政责躬，杜渐防萌，则凶妖消灭，害除福凑矣。"比喻在坏事情、坏思想萌芽的时候就加以制止，不让它发展。

我们在学习中遇到错误问题时，一定要及时解决，做到防微杜渐。

第七节 培养良好的解题习惯

我们在进行课后复习的过程中，除了看书以外，很大一部分精力都花在做练习题上，可是许多同学的解题习惯是错误的。那么，错误的解题习惯会带来什么后果呢？

一、对完答案就算完事，错误不能及时纠正

许多同学在平时学习的过程中，对于错误的答案既不认真找出错误的原因，也不对其加以改正。到了考场上，这些同学常会出现"会而不对"的情况；或者为了保证正确率，反复验算，浪费了很多时间。要避免这样的事情再发生，必须在平时下功夫努力改正。常见的问题有审题失误、计算错误等，通常都以为是粗心，其实这是一种不良的学习习惯，我们必须在第一轮复习中逐步克服，否则，后患无穷。

我们可以结合平时解题中存在的具体问题，找出原因，看其是行为习惯方面的原因，还是知识方面的缺陷，再有针对性地加以解决。

二、不求第二种解法，忽视解题能力的培养

在平时的解题中，许多学生仅仅满足于能把一道题解出来，这样的复习要求显然是不够的。因为解题能力可以从一题多解和举一反三中得到提高。解完题后，需要再回味和引申。引申包括对解题方法的开拓引申，即一道题从不同的角度去考虑分析，可以有不同的思路、不同的解法。考虑得愈广泛、愈深刻，获得的思路就愈广阔，解法就愈多样。

三、不讲解题速度，忽视解题技巧

许多同学在平时做题时，不讲求时间，上午做不完下午做，下

午做不完晚上做；更有甚者做一会儿题就吃点东西，做一会儿题就看会电视或是忙点别的事。在这样的做题习惯和速度下，做题技巧就更别提了。以至于每次考完试后，总能听到有些学生说"那个题我会，就是时间来不及"的惋惜声。

可见一道题会不会解，不是看你能否把它解出来，而是看你能否在有效时间内把它解出来。影响解题速度快慢的主要因素有两个：一是解题方法是否巧妙与简捷，二是对常规解法的掌握是否达到高度的熟练程度。

提高解题速度的方法有：熟练掌握基础知识的体系，深刻理解基本概念，准确掌握定理、公式、法则；熟悉基本的常用的逻辑推理方法；熟记常用的图像特征，在脑中模型化；多记一些数据；多掌握灵活的运算技巧；用脑推算，养成直接书写过程的好习惯，不要养成在草纸上写好过程再往试卷上抄的毛病，这是提高解题速度很重要的一条。

四、忽视习惯的培养，不对解过的题进行分类总结和经常复习

德国教育家第斯多惠曾说："必须时常回复到所学会的东西上而加以复习——牢固地记住所学会的东西，这比贪学新东西而又很快地忘掉好得多。"这句话说明了复习的重要性。

对解过的题进行分类总结和经常复习的习惯是不可忽视的，这样的习惯在长久的学习中会日益显示出其功效。

在课后复习中掌握正确和良好的复习方法及养成良好的学习习惯，将会为你获得优异的成绩提供坚实的基础。希望大家不断完善自己，在今后的复习中更上一层楼。

第八节　分析"错误"，深化理解

萧羽是一个不善于思考的人，平时总是觉得自己没有其他人聪明，为此很苦恼。所以，她就找到医生，希望给她开些能让自己变聪明的药。萧羽吃了一段时间以后，感觉自己还是和以前一样，并没有发生翻天覆地的变化。于是，萧羽又去找医生，说："听你的意见，我把药都吃了，但还是和以前一样。医生，再给我开点儿吧！"医生又给萧羽开了一些变聪明的药。她又继续吃了一段时间，但还是老样子。萧羽找医生质问："我还是那么笨，并没有变聪明，大概您给我开的是假药吧？"医生笑着对萧羽说："瞧，你不是变聪明了嘛？"

为什么医生会说萧羽变聪明了呢？关键在于萧羽对这两次出现的现象动脑反思和分析了。

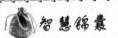 智慧锦囊

　　惜时、专心、苦读是做学问的一个好方法。

——现代史学家　蔡尚思

可以说，教训比知识更重要。错误导致失败，失败孕育教训，教训预示成功。正如菲利普斯所说："什么是失败？不过是教训罢了，不过是迈向较佳境地的第一步罢了。"我们经常看到有些同学在重要考试失利后，极其后悔的样子。其实，考试中出现的问题，常常是我们日常学习时不注意而养成的坏习惯导致的。有些同学对练习或作业中的出现的错误，只是对完答案后一改了之，然后丢在一旁成为"陈年往事"。没有找到问题的根源，对知识仍然没做到透彻的理解，又如何保证下次不再犯同样的错误呢？

不仅应关心自己错了多少题，还应分析是怎么错的，以后怎样防止和杜绝类似的错误。通过分析错误发现自己对哪些概念、定理、公式、知识点理解不透，然后看书再次复习。经过复习以后有了新的认识，再通过练习题检测是否真正掌握了。如果还有错误，那么就再复习、再做题。通过这样的反复训练，可以提高做题效率，熟练掌握知识。

谁能迅速发现错误，并迅速改正错误，谁的学习成绩就会稳步提高。做错题并不可怕，重要的是你要从错误中找到原因，总结经验。

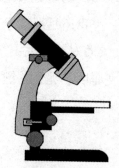

超级链接

"吃一堑，长一智"出自明代王阳明《与薛尚谦书》："经一蹶者长一智，今日之失，未必不为后日之得。"意思是受一次挫折，便增长一分见识。我们失败过一次就有了一次的经验和教训，以后就应该有处理相同或类似问题的能力。

在日常的复习中，我们难免会对某方面的知识理解有误差，从而导致做错题。出现了这些问题并不可怕，重要的是要反思和分析"错误"，研究问题根源所在，这样才能防止类似的错误在以后的学习中出现。

第九节　提高复习效率巧注意

复习是对学习内容进行回忆和熟记。及时而经常地回忆、复习，能够把知识牢固地保持在记忆中。经常复习既可以巩固知识、加强记忆，又可以在思考和理解中得到新的认知。据一份调查统计，优等生课后能及时复习的有77.2%；学习一般的学生课后及时复习的仅有25.3%，偶尔复习的同学占59.5%，还有15.2%的同学临考前才复习。

这项调查还指出：优等生普遍重视复习，他们是"每天有复习，每天有小结，每章有总结"。学习一般的学生往往不注意复习，有的学生连书都不看，就忙着做作业。这正是造成优等生和差生学习差距与分化的重要原因。

有些学生也进行复习，但效果大不一样。仅仅看一看书，背一背定义、定理和公式，然后再做点习题，那是远远不够的。这种复习难免形成"走过场"，收不到应有的效果。要做到高效复习，还要注意一些问题。

第一，定目标要切合自己的实际学习能力，并且有达不成目标的自我处罚措施。虽然并不是每次都能达到目标，但给自己施以适当的压力，长期这样训练，复习效率就会提高。

第二，掌握复习时机。复习的最佳时机要根据自己的学习习惯、课程性质和难易程度来定。听课中产生疑难问题多的课程，就要及时复习；如果老师讲的内容当堂就理解了，复习间隔一两天进行影响也不大；对于新学习的概念、原理等抽象内容要及时复习；叙述性、与书本内容一致的，也可以间隔一段时间再复习。

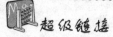超级链接

　　复习并不是让我们"走过场"。及时而经常地回忆、复习，既可以巩固、加强记忆，又可以在思考和理解中得到新的认知。我们要注意合理安排复习时间、内容和方式，以此提高复习效率，最大限度地提升自己的学习成绩。

　　第三，复习的次数要先密后疏。刚学过的知识遗忘得又快又多，所以，复习的次数相对要多一些，间隔的时间也要相对短一些，就是说要经常复习。但随着记忆巩固程度的加深，每次复习的间隔时间也可越来越长。到了一定的时候，知识就能牢固记忆，不复习也不会忘记了。

　　第四，养成固定时间复习固定内容的习惯。人体存在生物钟现象，这一规律运用到复习上就要求养成固定时间内复习固定内容的习惯。比如早上和傍晚，可安排复习英语、语文、政治、历史等识记性强的科目；下午的演算能力和抽象思维能力较强，可安排复习数理化科目。这样，久而久之习惯成自然，一到这个时间段，心理上就会做好准备，复习的效率就高。

　　第五，最大限度地利用时间复习。特别是平时一些闲散、短暂的时间都要利用起来，还可以把每科的基础知识做成一张张小卡片放在身边，以便随时拿出来复习、巩固。也可以将一些知识卡片贴在卫生间的镜子上、

门口处的衣物整理处等，你在刷牙洗脸或是穿鞋拎包的时候看上一两眼，过一段时间，它们自然就熟记于心了。

在坚持正确的复习方法的同时，还要对复习习惯的细节加以调整，这样你就可以做到最高效的复习——以最短的时间收获最丰富的果实，从而提高自己的学习成绩。

祝每位学子利用好课前预习和课后复习，取得优异的成绩。

超级链接

提高学习效率不是一朝一夕可以实现的，需要长期的探索和积累。他人的经验是可以借鉴的，但必须充分结合自身的特点。影响学习效率的因素，有学习之内的，但更多是在学习之外。我们不仅要养成良好的学习习惯，合理利用时间，还要做到专心、用心、恒心，更要对自身的优势，缺陷有深刻的认识。总而言之，世上无难事，只怕有心人。